Cousin - la Couronne)

SOUVENIRS

DE

ROUSTAM

SOUVENIRS

DE

ROUSTAM

Mamelouck de Napoléon Ier

INTRODUCTION ET NOTES

DE PAUL COTTIN

Bibliothécaire à l'Arsenal.

PRÉFACE

DE FRÉDÉRIC MASSON

de l'Académie Française.

PARIS

Société d'éditions littéraires et artistiques

LIBRAIRIE PAUL OLLENDORFF

50, CHAUSSÉE D'ANTIN, 50

IL A ÉTÉ TIRÉ A PART

DIX EXEMPLAIRES SUR PAPIER DE HOLLANDE

numérotés à la presse.

PRÉFACE

Il parut, à ma connaissance, durant le dernier siècle, cinq recueils, pour le moins, portant le titre de *Revue Rétrospective* : la première, celle de Taschereau, publia, en ses trois séries et ses vingt volumes, de 1833 à 1838, d'admirables documents, révélateurs surtout des mœurs passées, touchant plus à la chronique qu'à l'histoire, ouvrant par là les voies à cette forme nouvelle qui ne sera plus l'histoire académique, et s'efforcera d'atteindre à la fois plus de vérité et plus de réalité. La seconde, qui eut aussi Taschereau pour éditeur, portait pour sous-titre : *Archives secrètes du dernier gouvernement.* Elle parut en 1848 et renferma presque uniquement des papiers volés aux Tuileries. Elle fut quelque chose d'analogue à la publication des *Papiers de la Famille*

Impériale qu'organisa, en 1870, le gouvernement de la Défense nationale. Seulement, entre Taschereau et les publicateurs des papiers des Tuileries, il y avait cette différence que ceux-ci cherchaient des armes contre l'Empire et s'efforçaient à découvrir des lettres intimes qui le déshonorassent, tandis que celui-là mettait au jour aussi bien ce qui était pour que ce qui était contre le régime de Juillet. Et ainsi advint-il qu'un certain numéro de ladite *Revue Rétrospective* éclata comme une bombe sous le fauteuil du président du club de la Révolution, le citoyen Blanqui, et que de là sortirent des luttes quasi fratricides entre les apôtres de la Révolution sociale, dont plusieurs, et non des moindres, se trouvaient convaincus d'avoir touché de l'argent pour leurs excellents rapports avec M. le préfet de police.

La troisième *Revue Rétrospective* fut une personne modeste et qui n'a point d'histoire. Eut-elle d'ailleurs plus d'un numéro, j'en doute. Elle parut au moins une fois, sur un papier qui avait l'air de venir de Hollande, sous une couverture à escargots tout à fait sympathique. Elle avait pour rédacteur, en chef et peut-être unique, un brave garçon appelé Abel d'Avrecourt, qui ne manquait point d'esprit, faisait des vers à la Millaud ou à la Jollivet, et collaborait, je crois, au *Figaro*. Voici bien des années que je n'ouïs parler de lui et, en ces temps lointains, il était terriblement goutteux : qu'est-il devenu ?

*
* *

La quatrième *Revue Rétrospective*, tout au contraire de la troisième, eut une longue existence et qui ne fut point tourmentée ; lorsqu'elle eut terminé son vingtième volume, elle cessa sa publication, mais pour reparaître, après quelques mois, sous couverture saumon, comme *Nouvelle Revue Rétrospective*, et fournir encore vingt volumes. Sauf un temps très court où M. Paul Cottin, qui l'avait imaginée et créée, s'adjoignit comme co-rédacteur M. Georges Bertin, elle vécut sous la direction unique de son fondateur, lequel avait l'art de se faire ouvrir les armoires les mieux closes et déterrait des documents précieux dans des demeures bourgeoises où nul ne se fut imaginé qu'on pût en rencontrer.

M. Paul Cottin, qui avait débuté dans les bibliothèques par un stage à la Nationale et qui, depuis plus de vingt-cinq ans, remplit, avec un zèle auquel rendent grâce tous les habitués, les fonctions de bibliothécaire à la bibliothèque de l'Arsenal, a publié, de son chef, un livre excellent par la documentation, l'esprit et la rédaction : *Toulon et les Anglais en 1793*, et l'on aurait quelque peine à énumérer les curieux ouvrages qu'il a édités, allant des *Mémoires du duc de Croÿ* (quatre volumes in-8°, en collaboration avec M. le vicomte de Grouchy), aux *Mémoires du sergent Bourgogne*, et des *Inscriptions* de Restif de La Bretonne, à l'ouvrage documentaire le plus neuf et le plus curieux qu'on ait de longtemps consacré à *Mirabeau* : mais, durant vingt années, son ressort de travail, son outil de sondage, sa baguette de coudrier, avait été sa *Revue Rétrospective*. C'était par elle qu'il attirait les pièces historiques, les mémoires, les souvenirs; parfois les insérant in extenso, parfois n'en prenant que des extraits et réservant l'ensemble à une publication spéciale. Combien de trésors y sont encore enfouis dont nombre d'écrivains, même fort bien armés d'ordinaire, n'ont point connaissance ; pour ne citer que les *Mémoires d'Auger*, les *Lettres de Villenave*, les *Souvenirs de Delescluze*.

*
* *

M. Paul Cottin n'était pas pour rien l'élève, l'ami, l'exécuteur testamentaire de l'excellent et curieux Lorédan Larchey, l'aimable éditeur de la *Revue Anecdotique* et de la *Petite Revue*, le découvreur de Coignet et de Fricasse, le compilateur du *Dictionnaire de l'Argot*, le bibliophile sagace qui, en de petits, tout petits volumes, s'amusait à imprimer, à quelques exemplaires, de petits papiers manuscrits qui l'avaient fait rire et qu'il prétendait communiquer à des amis lecteurs. M. Larchey était d'abord un collecteur d'histoires, de bons mots et de réparties. Il en formait ce qu'on eût appelé jadis des sottisiers ; mais à ces sottisiers il s'attachait de façon à y consacrer sa vie : il est assez douteux qu'il y eût introduit le plus révélateur des documents, si ce document n'avait point concerné ce qu'il appelait l'histoire des mœurs, et son tact, pour discerner les alluvions qu'avait apportées sur les faits le besoin qu'éprouve un homme de se raconter, n'était point infaillible ; je ne dirai même pas qu'il n'eût point préféré l'alluvion, si elle avait paru pittoresque.

Cela — n'est-ce pas ? — est le grand danger en la matière que M. Paul Cottin allait explorer. Il se renfermait dans les deux derniers siècles et même ne prenait-il guère le dix-huitième qu'en la seconde moitié. A tout ce qui était lettres, journaux, pièces de procès, enquêtes de commissaires, nulle crainte de se tromper, ni d'être trompé. Cela était ce que c'était. A une date fixée, tel ou tel avait exprimé tel sentiment, subi telle algarade, éprouvé telle contrainte, obtenu tel arrêt. Mais, pour les mémoires et les souvenirs, comment distinguer les lacunes ou les erreurs qui proviennent d'une mauvaise mémoire, d'une volontaire ou involontaire déformation des faits ?

Il m'est apparu — et à quiconque a lu beaucoup de mémoires, il apparaîtra — que, sauf un nombre de cas infiniment rares, le mémorialiste écrit sous l'influence d'un délire : délire des grandeurs, délire des persécutions, délire génésique ; le plus souvent délire des grandeurs, auquel se mêle et se subordonne le délire des persécutions, et que saupoudre à des passages le délire génésique. Le plus beau cas, dans les livres récemment publiés, est celui du général Thiébault, qui réunit et fait fleurir les trois délires sous un même bonnet ; mais Marbot en est aussi un joyeux exemple et les récentes investigations sur sa véracité qu'a publiées M. Chuquet dans les *Feuillets d'histoire ;* les contradictions où il est tombé avec quiconque, ayant servi avec lui, a témoigné des événements ; les démentis qu'il a subis, en particulier sur le rôle des Suisses à la Grande Armée ; l'ignorance volontaire où cet homme qui parle si volontiers de lui-même, laisse le lecteur de l'épisode le plus intéressant de sa vie — sa proscription de 1815 — tout à la fois le montre construisant un Marbot qu'il fera passer tel quel à la postérité. Mais, s'il y a chez lui une part de travail conscient, on ne saurait douter qu'il n'y ait une large mesure d'impulsivité; et que, dans ses récits, les deux délires essentiels ne forment des facteurs qu'il est impossible de négliger.

∴

Dans les mémoires qu'a publiés M. Paul Cottin, la plupart ressortiraient à cette loi, car, très rarement, sont-ils assez objectifs pour ne la point subir : dès qu'un homme parle de lui-même et se raconte, c'est pour s'exalter (mégalomanie) ou pour expliquer les causes qui l'ont empêché d'arriver aux postes dont il était digne et pour revendiquer telle ou telle action, telle ou telle invention dont il fut frustré (persécution). Même les hommes qu'on estimerait le plus raisonnables, le moins susceptibles d'emballement inconsidéré, lorsqu'il s'agit de leurs propres mérites, de leur défense ou de leur apologie, sortent des rails et ne se possèdent plus. Il ne conviendrait donc d'ajouter foi aux mémoires qu'en tant que témoignages désintéressés, où la personnalité du narrateur paraît le moins possible et où il n'a à chercher aucun avantage devant la postérité. Mais qui donc ne s'efforce à se guinder, à se rendre intéressant et pourquoi, sans ce mobile, écrirait-on? Même lorsqu'on est soi-disant écrire pour soi seul et pour ses enfants, ne cherche-t-on pas à prendre une attitude et à se donner une contenance? Il faut donc, à mon goût, demander aux mémorialistes plutôt l'atmosphère où les événements se produisent que leur précision; des traits de caractère qu'ils ont jetés çà et là sans prétention et parce que leur imagination en avait été frappée; des mœurs, des formes de costume, des indications d'habitudes. Même se faut-il méfier des questions, des réponses, des paroles, à moins qu'elles ne jaillissent des circonstances, qu'elles ne soient rapportées, semblablement ou à peu près, par quelque autre témoin, à moins qu'on n'en trouve l'écho en des lettres ou en des journaux. Sous ces réserves, il y a vraisemblance qu'on puisse avoir chance de ne pas être entièrement trompé; mais il y aura toujours trop de développements et trop de sauce autour d'un poisson qui peut être médiocre.

*
* *

A l'époque de la Restauration, il s'était constitué pour exploiter l'Epopée, un certain nombre d'usines qui n'étaient point sans communication les unes avec les autres, et où l'on fabriquait des mémoires. De ces usines, les unes, comme l'usine La Mothe-Langon, travaillaient de génie ou de sottise. Elle n'avait besoin, pour imaginer les mémoires de *Napoléon*, de *Louis XVIII*, d'*Une Femme de qualité*, de la *Comtesse d'Adhémar*, la *Duchesse de Berry*, la *Comtesse du Barry*, *Sophie Arnould*, *Mlle Duthé*, la *Vicomtesse de Fars-Fausse-Landry*, et combien, combien d'autres! — que des potins courants ou courus depuis vingt ans, des journaux parus à Londres ou à Hambourg et d'un certain jeu d'anecdotes qu'on retrouvait identiques dans la plupart des livres de cette marque. Ainsi, lorsqu'on voit arriver les historiettes sur l'évasion du Dauphin, les plaintes sur ce jeune infortuné auquel Napoléon et Louis XVIII s'obstinent également à ne pas restituer le trône de ses pères, on peut être assuré, quels que soient l'éditeur, le pseudonyme de l'auteur et le lieu d'impression, qu'on touche au La Mothe-Langon. Courchamp ne débite qu'une sorte de gâteaux où il faut tâcher de ne pas se laisser prendre, mais qui au moins ont quelque agrément.

Puis viennent ceux qui s'adonnent particulièrement au Consulat et à l'Empire, les fabricants des *Mémoires de Constant*, de *Bourrienne*, de la *Contemporaine*, de *Blangini*, de *Mlle Avrillon*, de *Talleyrand*, etc. On cite parmi eux MM. J.-B. de Roquefort, Méliot frères, Luchet, les deux Nisard, Villemarest, Lesourd, Malitourne, Amédée Pichot, Ch. Nodier, mais le metteur en œuvres principal est Villemarest, et il est chef d'équipe. Dans son équipe, il a des écrivains très distingués qui ont vu beaucoup de choses, qui ont travaillé sur des pièces qui leur avaient été remises, sur des récits authentiques auxquels ils ont ajouté une sauce trop abondante parfois, trop claire, et qui fait douter de la véridicité des récits, alors que, si l'on parvenait à se procurer le canevas sur lequel le teinturier a brodé, elle serait entière et décisive. Retrouvera-t-on jamais le texte original rédigé par Constant et par Mlle Avrillon? J'en doute et cela me peine. Mais tout le moins, M. Paul Cottin a retrouvé, il a imprimé dans sa *Revue rétrospective*, il va publier en volume le manuscrit de Roustam; les papiers couverts d'une écriture difficilement déchiffrable, aussi bien à cause de l'irrégularité des caractères que des folies de l'orthographe, les papiers sur qui, à la sollicitation, sans doute, d'un des usiniers dont j'ai parlé, Roustam écrivit les faits qui l'avaient frappé. On ne lui demandait point de déployer du style ni de la littérature, en quoi l'on avait raison, mais on lui demandait de dire platement ce qu'il avait vu, ce qu'il avait entendu, ce qu'il avait retenu, étant au service de Napoléon.

∴

Ce mamelouck, brute ignare, qui avait plus qu'homme au monde physiquement approché l'Empereur depuis 1798 jusqu'en 1814, cet être le moins capable de reconnaissance et de dévouement, ce laquais, en qui la bassesse du métier s'agrémentait d'une pointe de cruauté orientale, savait voir, presque autant qu'il savait compter. Il trace, des choses qu'il a regardées, un tableau qui, pour sommaire qu'il est, n'en retient pas moins les traits essentiels et même lorsque, par son apologie — ce qu'il ne fait qu'une fois, lors de sa trahison à Fontainebleau en 1814, — il est amené à mentir, il fournit des détails qui ont un intérêt. Certes, il cèle son voyage à Rambouillet en sortant de Fontainebleau, et l'interrogatoire que lui fit subir, ainsi qu'au valet de chambre Constant, Mme de Brignole, en vue d'écarter Marie-Louise de son époux en obtenant des racontars sur de prétendues infidélités de l'Empereur; certes, il se trompe sur les dates lorsqu'il place l'interrogatoire qu'il subit de la part d'envoyés du comte d'Artois au sujet des diamants de la Couronne remis par M. de La Bouillerie à Napoléon; mais cela éclaire la mission du prétendu colonel marquis de Lagrange et cet épisode du gouvernement des Vivres-Viande, ce gouvernement de fortune qui inaugura si noblement la Restauration !

A mesure que j'ai davantage approfondi les détails, j'ai constaté que Roustam ne s'écartait guère de la vérité et j'ai apprécié mieux ses mémoires, dont je suis heureux de saluer la publication en volume.

Quant à l'homme, voici quelques lignes de ce que j'écrivais sur lui en 1894, dans mon livre : *Napoléon chez lui,* et j'ai peu de chose à y ajouter.

« Roustam le Mameluck est célèbre. L'Empereur l'avait reçu en Egypte du sheik El-Becri, l'avait ramené en France, lui avait fait apprendre à Versailles, chez Boutet, à charger les armes et le menait partout... A toutes les parades, dans tous les cortèges, on le voyait, vêtu d'étonnants costumes, couvert de broderies, coiffé de toques en velours bleu ou cramoisi, brodé d'or, et surmontées d'une aigrette, galopant sur un cheval au harnachement oriental et faisant sonner son sabre. Pour le Sacre, ses deux costumes, qu'Isabey avait dessinés, avaient coûté 9.000 francs.

Roustam était payé, comme mamelouck, 2.000 francs; avait de plus 2.400 francs comme aide porte-arquebuse et les gratifications doublaient au moins ses gages. Après chaque campagne, 3.000 francs; au jour de l'An, 3.000, 4.000, 6.000 francs; en l'an XIII, 500 livres de rente; à Fontainebleau, en 1814, outre un bureau de loterie, 50.000 francs d'argent. Lorsqu'il se maria, en 1806, à la fille de Douville, valet de chambre de l'Impératrice, ce fut Napoléon qui paya son dîner de noces, 1.344 francs. » Tout cela, et tout l'or des poches vidées, tout l'or des gains au jeu jeté à son appétit, n'empêcha point, en 1814, le mamelouck de suivre dans la désertion son camarade Constant... J'ai raconté comment, en 1815, il avait demandé à rentrer dans la chambre de l'Empereur et comment l'Empereur avait répondu à Marchand qui lui présentait la supplique : « C'est un lâche ; jette-la au feu et ne m'en parle jamais. »

Il était surtout inconscient : de sa domesticité, il avait tiré tout l'argent qu'il avait pu; il en tirait encore en allant s'exhiber en Angleterre sous sa défroque de mamelouck; il en eût tiré en vendant ses souvenirs, mais la spéculation ne réussit point et c'est bonheur ; car les usiniers n'ont point passé par là et le récit de Roustam a conservé ainsi toute sa saveur, son intérêt et sa curiosité.

FRÉDÉRIC MASSON,

INTRODUCTION

Au début du XIIIe siècle, douze mille esclaves ou Mameloucks[1] furent achetés en Circassie par le sultan d'Egypte pour en former sa garde. Acquisition qui allait coûter cher à son successeur, car vingt ans plus tard (1250), indignés du traité conclu avec le roi de France par leur nouveau sultan, les Mameloucks l'assassinèrent et lui substituèrent un de leurs chefs.

Ils gouvernèrent la contrée jusqu'en 1517, année où Sélim Ier, sultan ottoman, les attaqua, les défit, et réunit l'Égypte à son empire.

Vingt-quatre de leurs Beys n'en restèrent pas moins à la tête des provinces : ils étaient chargés de contenir les Arabes, de percevoir les impôts, de diriger la police.

Au XVIIIe siècle, les Mameloucks sont au nombre de 8 à 9000. Ils continuent à se recruter parmi

[1] Le mot *mamluck*, en arabe, signifie esclave.

les esclaves circassiens, et forment une redoutable cavalerie, dont Bonaparte n'aura raison que grâce à l'habileté de sa tactique et au courage de ses soldats.

« Dans tout l'Orient, dit le *Mémorial de Sainte-Hélène*, les Mameloucks étaient des objets de vénération et de terreur. C'était une milice regardée, jusqu'à nous, comme invincible ». — « Deux Mameloucks tenaient tête à trois Français, parce qu'ils étaient mieux armés, mieux montés, mieux exercés ; ils avaient deux paires de pistolets, un tromblon, une carabine, un casque avec visière, une cotte de mailles, plusieurs chevaux et plusieurs hommes de pied pour les servir. Mais cent cavaliers français ne craignaient pas cent Mameloucks. Trois cents étaient vainqueurs d'un pareil nombre. Mille en battaient quinze cents, tant est grande l'influence de la tactique, de l'ordre et des évolutions ! Murat, Leclerc, Lasalle se présentaient aux Mameloucks sur plusieurs lignes. Lorsque ceux-ci étaient sur le point de déborder la première, la seconde se portait à son secours par la droite et par la gauche. Les Mameloucks s'arrêtaient alors et convergeaient pour tourner les ailes de cette double ligne ; c'était le moment qu'on saisissait pour les charger : ils étaient toujours rompus[1]. »

C'est ainsi qu'aux batailles de Namangeh, de

[1] V. *Napoléon et la Garde impériale*, par E. Fiévée.

Chebreis et des Pyramides, Bonaparte écrasa les cavaliers des beys Ibrahim et Mourad, qui se partageaient le pouvoir.

Après le siège de Saint-Jean-d'Acre, beaucoup d'indigènes qui avaient secondé les Français, redoutant la vengeance de Djezzar-pacha, défenseur de la ville, les suivirent dans leur retraite en Egypte, et sollicitèrent un emploi dans leurs rangs. Le général Bonaparte en forma deux compagnies qui furent recrutées parmi les meilleurs cavaliers. Organisées par décret du 1er messidor, an VIII (20 juin 1800), elles prirent le nom de *Compagnies de Janissaires à cheval*. Elles se composaient de Mameloucks, de Syriens et de Coptes.

L'une d'elles avait été offerte au général en chef par le sheik de Chefa-Omar, lieu voisin de Saint-Jean d'Acre, qui l'avait levée presque entièrement à ses frais. Ce généreux ami de la France, cet ennemi du féroce Djezzar-Pacha s'appelait Jacob Habaïby [1].

[1] Voici le certificat que lui délivra, le 12 septembre 1803, le baron Larrey, chirurgien en chef de l'armée d'Egypte :

« C'est pendant la campagne de Syrie que Jacob nous a donné, surtout, des preuves de zèle, de dévouement et d'humanité. A Chefa-Omar, il a prodigué aux blessés de l'hôpital que nous y avions, des soins attentifs et une partie de ses revenus. Il les a garantis plusieurs fois de l'attaque des Arabes du désert. C'est à lui

En récompense, d'un dévouement dont la perte de tous ses biens, qui étaient considérables, avait été la suite, il fut nommé capitaine, dès le 14 octobre 1799, et devint successivement chef d'escadrons, puis chef de brigade, quelques mois après. En 1802, il quitte le service, et rejoint à Melun sa famille, qui fait partie des réfugiés. En même temps, il reçoit une pension de retraite de 4.000 francs qui, en 1808, s'augmente d'une dotation de 1.000 francs. Il devient légionnaire en mars 1814, se voit élevé, par la Restauration, au grade de colonel, affecté, le 5 juin 1815, au commandement de la place de Melun, enfin créé chevalier de Saint-Louis en 1821.

Les Janissaires étaient sous les ordres d'officiers indigènes. Bonaparte avait choisi ceux-ci parmi les plus dévoués à sa cause, parmi les plus ins-

que le chirurgien-major de cet hôpital, Wadellenk, dut son salut : il l'arracha des mains des Arabes qui l'avaient attaqué dans son passage pour se rendre au quartier général, pansa ses blessures et lui donna l'hospitalité jusqu'au moment où son état lui permit de se faire transporter au camp devant Acre.

« Je l'ai vu plusieurs fois, ce brave Sheik, partager nos périls et nos fatigues, avec un courage et une constance peu communs. Enfin, pendant deux années que j'ai été à portée de le voir, je lui ai toujours connu les sentiments bien prononcés d'un véritable ami des Français, et de l'honnête citoyen, » truits et les plus aptes, en raison de leur connaissance des langues du pays, à lui servir d'interprètes. Les ministres de Louis-Philippe s'en souvinrent quand, au début de la guerre d'Algérie, en 1830, ils mirent trois d'entre eux, Jacob Habaïby, Soliman Salamé et Jean Renno à la disposition du maréchal Clauzel, qui demandait des interprètes possédant l'arabe et le turc.

A l'époque du rapatriement de l'armée d'Egypte, les Janissaires avaient sollicité l'autorisation de passer la mer avec elle, et même d'emmener leurs familles, pour lesquelles ils craignaient les représailles de leurs compatriotes. Leur demande fut agréée par Bonaparte : se souvenant de Toulon en 1793, il était peu soucieux d'imiter la conduite des Anglais et des Espagnols qui, lors de l'évacuation de cette ville, et malgré leurs promesses, avaient abandonné les trois quarts de la population à la vengeance des Conventionnels [1]. En touchant la terre française, ces « réfugiés » furent dirigés sur Marseille. Ils y restèrent jusqu'en mars 1802, époque où on les dirigea sur Melun, avec l'escadron des Mameloucks dont il va être parlé ci-après. Ils furent ramenés à Marseille en avril 1806 [2].

[1] Voir *Toulon et les Anglais en 1793, d'après des documents inédits*, par Paul Cottin.

[2] En 1815, les Mameloucks réfugiés à Marseille devin-

Bonaparte n'oubliait point les hommes qui lui avaient donné des preuves de fidélité, à quelque nation qu'ils appartinssent : devenu Premier Consul, et voulant s'entourer d'une Garde, il arrêta, à cet effet, le 13 octobre 1801, la formation d'un escadron de 240 Mameloucks et l'envoi à Marseille, où ceux-ci se trouvaient encore, du chef de brigade Rapp, afin de pourvoir à son organisation et d'en prendre le commandement.

Trois mois après, le 7 janvier 1802, nouvel arrêté ramenant ce nombre à 150 : « Il leur sera donné, y lisait-on, le même uniforme que portent les Mameloucks, et, pour marque de récompense de leur fidélité, ils porteront le cahouck et le turban verts. »

La ville de Melun, nous l'avons dit, leur avait été assignée pour garnison. Les magasins de la République reçurent l'ordre de leur fournir un armement complet, c'est-à-dire une carabine, un tromblon, deux paires de pistolets, un sabre « à la Mamelouck », un poignard, une masse d'armes, une poire à poudre.

C'est à cette époque — exactement le 23 mars 1802, que, tout en conservant ses fonctions près

rent les victimes de la Terreur blanche : leurs femmes, leurs enfants, poursuivis par la populace, furent tués à coups de fusils dans les rues et sur le port, où ils s'étaient enfuis.

de Bonaparte, Roustam fut admis dans le corps des Mamelouks de la Garde [1].

Le 15 avril 1802, fut fixée la composition des cadres de l'escadron et sa solde, à laquelle les réfugiés devaient prendre part, sous condition que leurs enfants entreraient au service dès l'âge de seize ans.

Tous les officiers [2], à l'exception du chef de brigade commandant, et des officiers de l'état-major, étaient choisis parmi les indigènes.

Quelques mois plus tard, de nouvelles décisions [3] réduisirent l'escadron à une compagnie de 125 hommes, officiers compris, la placèrent sous la haute direction du colonel des Chasseurs de la Garde et l'attachèrent à ce régiment qu'elle allait suivre, désormais, dans toutes ses campagnes.

Le commandant de la compagnie des Mameloucks était alors Delaître, remplaçant Dupas qui, lui-même, avait succédé à Rapp.

Les Mameloucks réformés pour cause de vieillesse, de maladies, etc., furent assimilés aux réfugiés et envoyés avec eux à Marseille. Mesure qui

[1] Il obtint son congé le 25 août 1806. Voir ce qu'il dit à ce sujet, page 129.

[2] Voir leurs noms aux appendices, pages 255 et 262.

[3] Arrêté du 25 décembre 1803 et décret du 29 juillet 1804.

augmenta le nombre de ceux-ci dans des proportions considérables : en 1811, le chiffre des réfugiés s'élevait à 458 personnes.

D'autre part, les décès creusaient de nombreux vides dans les rangs : pour les combler, on y admit des Européens. Toutefois, c'est seulement vers 1809 que des noms européens — français ou autres — commencent à figurer sur la liste des Mameloucks.

En 1813, nouvelle transformation de la compagnie en escadron, et nouvelle augmentation de l'effectif, qui est porté à 250 hommes. De plus, fidèle à sa coutume d'honorer les anciens services, Napoléon arrête que les vétérans seront désignés *premiers Mameloucks* et continueront à jouir de leur solde, tandis que les nouveaux, ou *seconds Mameloucks*, ne toucheront que la solde de la cavalerie de ligne, avec le supplément accordé aux troupes de Paris.

Les événements de 1814 entraînèrent la suppression de ce corps d'élite. Un certain nombre de Mameloucks, parmi lesquels on a le regret de ne point compter Roustam, suivirent l'Empereur à l'île d'Elbe. C'étaient, pour ne citer que les orientaux : Séraphin Bagdoune, lieutenant de Jeune Garde depuis 1813 ; Pietro Rudjéri, maréchal des logis qui, dès le retour en France fut promu lieutenant de Chasseurs ; Masserie Mikael et Nicole Papaouglou[1]. Ils formèrent, avec les autres cavaliers qui avaient accompagné leur souverain, l'*Escadron Napoléon*.

Celui-ci, dans sa réorganisation de la Garde, en 1815, ne rétablit point les Mameloucks; il décida, au contraire, qu'aucun étranger n'y serait admis[2]. Leurs officiers n'en furent pas moins versés dans les régiments de cavalerie de la Garde. Quant à la seconde Restauration, elle continua à les employer dans leurs grades et accorda même de l'avancement et des croix de Saint-Louis à ceux qui ne s'étaient pas prononcés trop ouvertement en faveur de l'« Usurpateur. »

Depuis l'An VIII, époque de leur création, jusqu'à la fin de l'Empire, les officiers placés à la tête des Mameloucks, n'ont cessé de se signaler par leur valeur; le capitaine Chahin comptait douze campagnes et trente-sept blessures. Il avait pris une pièce de canon, sauvé la vie du général Rapp et celle d'un chef d'escadrons à Austerlitz. Le colonel Jacob Habaïby, qui se connaissait en

[1] Voir ces noms dans notre liste des Mameloucks, à l'appendice.

Il faut y ajouter ceux de Henry Dayet, maréchal des logis chef, Etienne Erard et Jean Rocher, mais ils n'étaient point orientaux.

[2] Décret du 21 mars 1815.

courage, ayant eu lui-même le corps traversé d'une balle en Egypte, lui donna sa fille en mariage.

Abdallah Dasbonne avait fait vingt campagnes et reçu cinq blessures. Sans lui, le général Kirmann eût trouvé la mort, à Altenbourg.

Jean Renno avait, à son actif, 17 campagnes et plusieurs actions d'éclat, ayant fait cent prisonniers, après une charge, en Espagne, pris un canon à Courtray, en 1814, et capturé ou mis hors de combat, avec quelques hommes, un peloton de cavaliers prussiens.

Les états de services de Soliman Salamé, d'Elias Massad, de Daoud Habaiby, frère de Jacob, en un mot de la plupart des officiers mameloucks ne le cèdent guère à ceux dont nous venons de parler. Les sous-officiers, les soldats se montrent dignes de leur chefs : le maréchal des logis Arménie Ouannis, le mamelouck Michel Hongrois [1], sont couverts de blessures, et décorés de la Légion d'honneur, ainsi que le maréchal des logis Arménie Tunis, les mameloucks Chamé Ayoub, Masserie Achmet, Mouskou Soliman, Joarie Drisse.

Avec Roustam, Napoléon avait ramené d'Egypte et attaché à sa Maison un mamelouck nommé Ali

[1] Bien qu'originaire de Hongrie, ce mamelouck n'en avait pas moins fait partie de la compagnie de Janissaires formée en l'an VIII.

dont il fut bientôt contraint de se défaire à cause de son mauvais caractère. Il le remplaça par Etienne Saint-Denis qui, bien que né à Versailles, fut, à son tour, appelé Ali. Plus fidèle que son collègue géorgien, il suivit son maître non seulement à l'île d'Elbe, mais encore à Sainte-Hélène, où l'illustre prisonnier l'inscrivit au nombre de ses légataires.

L'Empereur ne fut pas le seul à prendre des Mameloucks à son service : le prince Eugène, le maréchal Bessières qui, tous deux, avaient fait la campagne d'Egypte, s'étaient attaché, le premier Mirza, le second, Pétrous [1].

Beaucoup de ces Orientaux ignoraient — ou feignaient d'ignorer — leurs vrais noms. Dans ce cas, on les désignait, sur les contrôles militaires, par celui de leur pays d'origine, en y ajoutant un prénom. Quelques nègres du Darfour ou d'Abyssinie, se trouvaient parmi eux. Les déserteurs n'étaient point nombreux. Ceux qu'on portait comme tels sur les états régimentaires rejoignaient souvent leur corps au bout d'une année ou deux. Egarés ou prisonniers à l'étranger, ils rentraient dès qu'ils étaient libres de le faire. Une mention fréquente, sur le registre matricule, est celle-ci : « En arrière, sans nouvelles. » Elle se multiplie en

[1] Voir ces noms à la liste alphabétique des Mameloucks, pages 290 et 291.

1812. Pouvait-il en être autrement, et ces hommes, nés sous des climats chauds, n'ont-ils pas eu, s'il est possible, plus à souffrir que leurs camarades du Nord, des rigueurs de la retraite de Moscou ?

« L'uniforme des Mameloucks, dit M. Fiévée[1], était un riche costume turc qui variait, pour les différentes tenues, selon le goût et le caprice de leur commandant. Ils portaient ordinairement le turban bleu à calotte rouge, surmonté d'un croissant en cuivre jaune ; la veste, couleur bleu de ciel, taillée à la mode orientale avec olives, galons et passementeries noirs ; le gilet était rouge sans passementerie, et la ceinture à nœuds en laine verte et rouge ; le pantalon rouge, extrêmement large, dit *à la mamelouck*, et les bottines jaunes.

« Ils étaient armés d'un sabre à la turque, d'une espingole qu'ils portaient comme la carabine, de deux pistolets et d'un poignard à manche d'ivoire passés dans la ceinture. Ils avaient, en outre, une petite giberne ornée d'un aigle en cuivre jaune suspendue à un baudrier de cuir noir verni.

« Toutes les garnitures d'armes et celles du harnachement du cheval, ainsi que les éperons, étaient en cuivre jaune ; la selle à haut pommeau et à dossier ; les étriers à la turque.

[1] *Napoléon Ier et la Garde impériale*, texte par Eugène

« L'été, les Mameloucks portaient le pantalon blanc en toile et le turban de mousseline blanche.

« L'étendard, de forme turque, se terminait par une queue de cheval noire, surmontée d'une boule de cuivre doré. »

C'est dans les rangs de cette brillante troupe que comptait Roustam.

Né vers 1780, à Tiflis, capitale de la Géorgie, Roustam Raza était âgé de sept ans, quand, faisant route avec sa mère et ses sœurs, pour retrouver son père établi négociant en Arménie, il fut pris par les Tartares, et sept fois vendu comme esclave. Son dernier maître le conduit à Constantinople, puis au Caire, où il entre, comme Mamelouck, au service de Sala Bey. Emmené par celui-ci, avec cinq cents de ses camarades, en pèlerinage à La Mecque, il trouve, à son retour en Egypte, le Caire occupé par les Français.

Sala Bey dirige alors ses hommes sur Saint-Jean d'Acre, dans le dessein de renforcer les troupes de Djezzar-pacha, défenseur de la ville. Mais, irrité d'apprendre que Sala n'a point livré un dernier combat aux Français, Djezzar l'empoisonne. A cette nouvelle, Roustam se hâte de regagner le Caire, où il entre au service d'un sheik

Fiévée, des Archives de la Guerre, dessins par Raffet. Paris, 1859.

dévoué au général Bonaparte, El Bekri, puis à celui du général lui-même, qui l'emmène en France, et ne se sépare plus de lui, désormais. Roustam couche, en effet, la nuit, dans une chambre voisine de la sienne, et le suit dans toutes ses campagnes.

Aussitôt débarqué à Fréjus, Bonaparte prend le chemin de Paris. Il laisse Roustam voyager à petites journées avec ses bagages et ses gens. A quelques lieues d'Aix, le convoi est attaqué par des brigands que, dans une lettre dont la naïveté paraît avoir fait la joie de Napoléon et de Joséphine, notre Mamelouck désigne à son maître sous le nom d' « Arabes français ».

Toute la famille impériale lui donne bientôt des témoignages d'amitié non équivoques : le Premier Consul et son épouse lui prodiguent leurs soins après un grave accident de cheval dont il a été victime ; « Mademoiselle Hortense », la future reine de Hollande, fait son portrait pendant sa convalescence, et lui chante de jolies romances pour l'empêcher de s'endormir pendant les poses.

Par une juste réciprocité, Roustam ne marchande pas son dévouement à ses protecteurs ; même il se montre si désintéressé qu'il faut trois années à Bonaparte pour s'apercevoir — non sans colère contre le chef de ses finances — que son Mamelouck n'a pas encore touché d'appointements! Il les fixe, aussitôt, à 1 200 livres, et le nomme, à quelque temps de là, son porte-arquebuse (il était déjà chargé de l'entretien de ses armes), avec 2 400 livres de pension. Enfin, il le fait inscrire pour une rente perpétuelle de 500 livres.

Ces mesures de justice inspirent à Roustam le désir d'en obtenir d'autres : indigné, non sans raison, de voir l'officier payeur du corps des Mameloucks, dont il continue à faire partie, lui retenir, depuis trois ans, la solde à laquelle il a droit, il l'oblige à rendre ses comptes, puis il demande et obtient son congé (1806).

Après la campagne d'Austerlitz, il épouse la fille de Douville, premier valet de chambre de Joséphine. Et non seulement l'Empereur autorise cette union, mais il signe au contrat et paye les frais de la noce.

Roustam accompagne l'Empereur en Prusse et en Pologne. A Iéna, une méprise des avant-postes français, dont ils essuient ensemble le feu, manque leur être fatale. Même aventure dans l'île Lobau, où la partie blanche du turban de Roustam attire sur l'Empereur, et sur lui-même, le feu de l'ennemi. A Eylau, il ne doit la vie qu'à un aide de camp de Murat qui l'empêche de s'endormir dans la neige. Il assiste à la bataille de Friedland et passe à Tilsitt, avec la Garde, la revue du tsar

Alexandre. Il a le visage gelé, pendant la retraite de Russie, et rentre en France dans la voiture de l'Empereur.

Les *Souvenirs* de Roustam sont fertiles en anecdotes sur les grands soldats de l'Empire, tels que Lannes, Masséna, Berthier, Murat, le duc de Vicence, le maréchal Duroc, etc.

La vie intime de l'Empereur aux Tuileries et à la Malmaison est par lui peinte au vif, et la naïveté même de son pinceau donne de la vie et de la couleur à ses esquisses : il montre Napoléon soucieux de l'intérêt de ses serviteurs, au milieu des plus graves préoccupations ; leur faisant rendre justice quand ils sont victimes de l'iniquité, les faisant soigner et les visitant lui-même, quand ils sont malades. L'Empereur pense à tout : il veut que Roustam envoie à sa mère son portrait en miniature par Isabey. Il va plus loin : il promet 10.000 livres de récompense et le remboursement de ses frais de voyage à un voyageur arménien qui offre d'amener cette femme en France — projet qui, d'ailleurs, ne se réalisa point.

C'est dans cette bonté d'âme, autant que dans le prestige de son génie, qu'il faut chercher l'explication des dévouements dont le grand homme fut l'objet, jusqu'à sa mort, de la part de ses plus humbles serviteurs.

Signalons, parmi les passages relatifs aux

mœurs et au caractère de Napoléon, des anecdotes sur la naissance du Roi de Rome, et sur l'amour de son père pour les enfants. Il aime à plaisanter avec le fils de Roustam, dont il avait salué la naissance, après la bataille d'Eylau, en disant à celui-ci : « C'est bien, j'ai un Mamelouck de plus, il te remplacera ! »

Curieuses sont les conversations de l'Empereur avec le docteur Corvisart, qu'il ne cesse de traiter plaisamment de « charlatan ». Elles confirment ce qu'on savait de son scepticisme en fait de médecine, scepticisme qu'en dépit de sa profession, Corvisart n'était, paraît-il, guère éloigné de partager.

Un jour, à la Malmaison, Roustam entend son maître lui demander une carabine pour tirer, des fenêtres du château, sur les cygnes de la pièce d'eau : indignation de Joséphire qui veut faire respecter ses beaux oiseaux et proteste avec véhémence ; embarras de Roustam qui ne sait auquel entendre, et vive hilarité de l'Empereur, enchanté de sa confusion. L'illustre conquérant a toujours conservé, dans son caractère, un fonds d'espièglerie.

Jusqu'aux adieux de Fontainebleau, la conduite de notre Mamelouck envers son souverain ne laisse rien à désirer. L'amitié dont celui-ci ne cesse de l'honorer suffit à en fournir la preuve. Mais, à cette époque, Roustam ne justifie que trop le *Donec eris felix*... du poète. Quand vient le départ pour l'île d'Elbe, il ne suit point son bienfaiteur ! Et les explications qu'il donne de son abstention ne servent qu'à le confondre : le bruit répandu dans Fontainebleau d'une tentative de suicide de l'Empereur, d'une part ; l'impossibilité de trouver des chevaux pour essayer de le rejoindre à Fréjus, de l'autre, sont des prétextes qui ne sauraient tromper personne.

La vérité est qu'à l'instar de plus d'un ancien serviteur de Napoléon, Roustam a soif de repos, soif de la vie de famille : c'est là, et là seulement qu'il faut chercher les raisons de sa défaillance.

La Restauration allait-elle, du moins, lui procurer le calme et la tranquillité rêvés ? Non, et Roustam s'en aperçut bientôt : en proie à la surveillance de la police que sa qualité d'attaché à la Maison du souverain déchu rendait méfiante, il jugea prudent de quitter Paris, et de se réfugier à Dreux, d'où il ne revint que quatre mois après.

Tout à coup, l'Empereur reparaît en France : ses compagnons de gloire se lèvent à sa voix, ses légions se reforment, et c'est en triomphe qu'il rentre à Paris. Roustam, dans l'espoir que l'Empereur ne lui tiendra pas rigueur de sa faiblesse, lui fait présenter par Marchand une demande d'emploi. Elle est mal reçue : « C'est un lâche ! est-il répondu au fidèle valet de chambre. Jette cela au feu et ne m'en reparle jamais ![1] »

Et Roustam comprend qu'il n'a plus qu'à se faire oublier !

Un jour, cependant, après la seconde Restauration, la police du Roi, qui ne le perd point de vue, constate, avec émotion, que, par deux fois, il vient de traverser la Manche ! L'alerte est de courte durée. On ne tarde point, en effet, à apprendre que le but des voyages de Roustam, est de se produire, en costume de Mamelouck, dans les spectacles de Londres[2] ! Triste métier, assurément, mais il fallait vivre, et les pensions de l'Empereur ne lui en fournissaient plus les moyens ! Convenons, toutefois, qu'il eût pu et dû en trouver d'autres.

En 1825, il habite, à Dourdan, ville natale de sa femme, une maison spacieuse où il a pour voisin le père de Francisque Sarcey, qui dirige un pensionnat[3]. Son existence s'y écoule entre sa femme,

[1] Voir Frédéric Masson, *Napoléon chez lui.*

[2] V. *Vieux papiers, vieilles maisons,* par Georges Lenôtre (4e série, 1910).

[3] Voir les *Souvenirs de jeunesse* de Francisque Sarcey. Cette maison existe encore, au coin de la rue de la Poterie et de la route d'Etampes, et sert d'école communale. Seule, l'entrée a été modifiée : la porte qui

qui a obtenu une recette des Postes, son beau-père et sa belle-mère. Son fils Achille s'est fixé à Paris, où il a trouvé une place au *Journal officiel*. Sa fille a épousé un huissier de la capitale, M. B... Et c'est à Dourdan que l'ancien Mamelouck meurt le 7 décembre 1845, à l'âge de soixante-quatre ans[1].

Le manuscrit de ses *Souvenirs* nous a été communiqué par un peintre distingué, ami des études historiques, M. Pierre Beaufeu, pour être imprimé dans notre *Revue rétrospective*, où il a vu le jour pour la première fois en 1888. M. Beaufeu le tenait des héritiers de M. B..., gendre de Roustam, qui lui en avaient fait hommage, ainsi que du portrait de ce dernier. Nous ne saurions assez le remercier de l'affectueux empressement avec lequel il a mis l'un et l'autre à notre disposition.

Le portrait, attribué à Gros, est un tableau à l'huile, et fait, aujourd'hui, partie des collections du musée de l'Armée, auquel il été donné par

donne sur la route d'Étampes et l'avenue de tilleuls a été remplacée par une grille.

Nous devons ce renseignement à M. le docteur Gillard, l'érudit médecin de Suresnes. Il le tient de M. Denizet, son parent, qui habite Dourdan, et qui a eu l'obligeance de faire lui-même, dans le pays, une enquête à ce sujet.

[1] On trouvera, dans ce livre, les fac-similés de sa tombe et de sa maison. Nous devons ces photographies à M. Marcel Houy, secrétaire de la mairie de Dourdan, auquel nous en adressons nos remerciements.

M. Beaufeu. Nous l'avons reproduit en tête de ces pages. Il représente Roustam dans son costume d'apparat, et fixe, sans contestation possible, puisqu'il émane de sa famille, ses traits, qui se retrouvent, d'ailleurs, dans plusieurs tableaux célèbres, par exemple dans le *Napoléon à Ratisbonne* de Gautherot et dans le *Napoléon Ier à Vienne,* de Girodet, dont nous donnons plus loin des fac-similés. Ces deux toiles sont à Versailles.

Quant au texte des *Souvenirs*, nous le réimprimons sans en supprimer, sans y ajouter un mot. Nous nous contentons de rétablir l'orthographe. Cependant celle de Roustam est trop curieuse pour que nous en privions le lecteur: il en trouvera un spécimen en tête de nos appendices, dans lesquels ont aussi pris place, outre son acte de décès conservé à la mairie de Dourdan, des pièces intéressantes tant pour l'histoire particulière des Mameloucks, que pour l'histoire générale de ces temps héroïques[1].

PAUL COTTIN.

[1] Nous en devons la communication à MM. Léon Hennet et J.-B. Marleix, les savants conservateurs des Archives Administratives du Ministère de la Guerre, auxquels nous sommes heureux d'en exprimer ici notre bien vive gratitude.

SOUVENIRS DE ROUSTAM

MAMELOUCK DE NAPOLÉON Ier [1]

I

Ma famille. — Mon père nous quitte ; je reste avec ma mère et mes sœurs. — Guerre entre l'Arménie et la Perse. — Nous nous réfugions dans une forteresse. — Dangers courus. — Mort de ma sœur Begzada. — Nous partons rejoindre notre père. — Séparé des miens pendant le voyage, je suis vendu sept fois comme esclave. — Un marchand m'emmène à Constantinople et me vend à Sala-Bey. — Mon arrivée au Caire. — Sala-Bey m'incorpore dans ses Mameloucks. — Nous partons pour la Mecque. — A notre retour, nous trouvons l'Egypte occupée par les Français. — Nous gagnons Saint-Jean d'Acre, où Sala-Bey est assassiné par Djezzar-Pacha. — Mon retour au Caire. — Le général Bonaparte autorise le Sheik El Bekri à me prendre à son service. — Le sérail du Sheik. — Je veux épouser sa fille. — Bonaparte à Saint-Jean d'Acre. — Aboukir. — Scènes violentes avec un Mamelouck. — Intempérance d'El Bekri. — Le champagne du prince Eugène. — J'entre au service du général Bonaparte.

Il est né à Tiflis, capitale de la Géorgie,

[1] Le titre de ces *Souvenirs* porte, dans le texte original : *La vie privée de sier* (sic) *R.-R., jusqu'à 1814*. Le

fils du sieur Roustam Honan, négociant, né le... (*sic*).

Deux ans après, son négoce a été transporté à Aperkan, une assez forte ville en Arménie, pays natal de son père.

Onze années après, il a été promener dans un des biens de son père, avec plusieurs de ses camarades, qui ont été attaqués par plusieurs Tartares, pour emmener avec eux dans leur pays, et sûrement pour les ven dre. Plusieurs de ses camarades ont été pris par de ces brigands, et lui s'est échappé de leurs mains. Roustam a été perdu, dans cette journée-là, six heures dans les bois, sans pouvoir trouver la route pour aller rejoindre sa mère[1], qu'il aimait bien tendrement.

manuscrit est, pour la plus grande partie, autographe. Nous signalerons les pages écrites sous la dictée de Roustam.

[1] Son nom était Boudchi-Vari ; elle était de Tiflis. (*Note du ms*).

Cette note est, ainsi que les suivantes du manuscrit, d'une autre main que celle de Roustam.

Au même moment, il a rencontré un bûcheron dans les bois, qui a bien voulu le conduire auprès de sa mère, qui était dans une inquiétude mortelle, et il ne manqua pas, le bûcheron, de recevoir une bonne récompense de la part de sa mère.

Le nombre de famille du sieur Roustam Honan est de deux filles et de quatre garçons: Roustam était le cadet. Son père a fait un voyage avec ses deux fils, pour son commerce, à Gandja, province de Malek-Majeloun [1]. Quelques mois après, l'empereur des Persans a déclaré la guerre contre Ibrahim-Khan, qui a été gouverneur de la province d'Arménie [2].

[1] Malek-Majeloun, gouverneur de Gandja, forteresse dépendant de la Perse. (*Note du ms.*)

Cette ville de Gandja, ou Iélisavetpol, appartient aujourd'hui à la Russie. A 170 kilomètres au sud-est de Tiflis.

[2] A Choucha, forteresse, capitale de la province de Karabagh (*Note du ms.*).

Choucha, qui fait partie du gouvernement d'Iélisavetpol, est située sur un affluent du fleuve Kour.

Voilà la cause que Roustam a perdu toute sa famille.

Depuis ce temps-là, pour les affaires d'intérêt, mon père voulait s'éloigner de Gandja, et emmener avec lui mes deux frères Avack et Seïran et moi, mais j'étais trop attaché à ma mère pour m'éloigner d'elle.

Quelques jours après, il acheta une voiture pour son voyage. Le même jour, nous étions à dîner, il nous a questionnés si nous sommes contents de faire ce voyage. Mes frères disaient que oui, moi je lui dis que non. Il m'a beaucoup questionné pourquoi je ne veux pas le suivre. Je lui dis : « Quand j'étais petit, maman m'a bien soigné ; elle m'a rendu toujours bien heureux. Comme je commence, à présent, à être grand, je désire de me tourner auprès d'elle[1], pour la consoler

[1] Alors elle était à Choucha, dans la forteresse, pour sa sûreté (*Note du ms.*).

et la rendre heureuse, si je peux. »

Il a été fort mécontent que je voulais le quitter. Enfin, il n'a pas pu rien gagner sur moi, pour m'emmener avec lui. Il fut obligé de partir avec mes deux frères, et il me laissa tout seul dans la ville de Gandja, sans parents et sans fortune.

La ville de Gandja est une très bonne ville, et bien riche. C'est là où l'on fait le plus grand commerce de soie et de cachemire de Perse.

Trois mois après, Ibrahim-Khan a déclaré la guerre contre Malek-Majeloun où je me trouvais, dans la forteresse de Gandja. Les peuples de la ville sont obligés de rentrer dans la forteresse. Je reste jusqu'au dernier moment sans pouvoir sortir dans la forteresse. On rentrait bien, mais on ne laissait sortir personne. Un jour où les mulets de Malek-Majeloun sortaient pour chercher les provisions, je me suis fourré dans les jambes des mulets et je me suis sorti de force, de cette manière-là, sans aucun danger.

Quand j'ai été hors la porte, je rencontrai deux personnes de mon pays, et même ville. Je leur demandai si je pourrais trouver une occasion pour m'en tourner près de ma mère. Il me dit : « Oui, je connais plusieurs personnes qui vont partir à deux heures du matin pour Aperkan », où j'avais laissé ma pauvre mère et mes deux sœurs, Marianne et Begzada.

Ces deux bons messieurs me montrèrent la maison où sont les voyageurs. Je m'y suis rendu sur-le-champ ; ils m'ont très bien accueilli. Enfin, tout était convenu de partir à deux heures du matin. En attendant la nuit, j'ai été dans un jardin, à côté de la ville, pour chercher quelques légumes pour ma nourriture, car je n'avais rien à manger depuis quelques jours. J'ai aperçu, au lointain, un troupeau de moutons. J'ai été à la rencontre, pour demander un peu de lait ou de fromage. Enfin, je me suis approché du berger. Il me dit : « Que veux-tu ? — Ce que je voudrais ? Un peu de lait ou de fromage, car voilà plusieurs jours que je n'ai rien mangé ! »

Il m'a beaucoup examiné, en me demandant le nom de mon pays et celui de mes parents. Je lui dis mon nom et celui de mon père. Après, il m'a pris dans ses bras, m'a embrassé de bon cœur en me disant : « Je suis votre oncle ! Voilà quinze années que j'ai quitté le pays[1]. »

Je me trouvais, dans ce moment-là, bien heureux d'avoir trouvé un protecteur. Enfin je lui demandai quelques provisions pour mon voyage que je devais faire à deux heures du matin. Il m'a donné deux

[1] L'Arménie (*Note du ms.*).

gros pains et une quantité de rôti. J'ai mis tout ça dans un sac pour rejoindre la maison où étaient mes compagnons de voyage.

Mon oncle m'a demandé si je voulais rester avec lui jusqu'à ce que je sois plus grand, et que j'irais rejoindre ma mère. Je lui dis : « Non, je vous remercie. J'ai quitté mon père et mes frères pour rejoindre ma mère. Vous voyez bien que je ne puis rester avec vous. Je suis sûr, ma mère est bien inquiète de moi, en particulier, car j'étais son enfant gâté, beaucoup plus que les autres. » Il a bien vu que je ne voulais pas rester avec lui. Il m'embrassa. Je lui fais mes adieux, et je me suis rendu sur-le-champ au rendez-vous des voyageurs, le cœur content, en espérant voir ma mère, quelques jours après.

Enfin, nous sommes partis à l'heure désignée. Au point du jour, nous étions sur la grande montagne de Gandja. Nous voyions, au pied de la montagne, toute l'armée d'Ibrahim-Khan[1] qui marchait sur Gandja. Après les marches de dix jours à pied, nous sommes arrivés à Aperkan, notre ville, où j'avais laissé ma mère et mes deux sœurs, mais je ne trouvai personne à la maison.

J'éprouvais encore bien du chagrin, mais j'ai trouvé, dans la ville, un paysan qui restait encore, car tout était rasé et les maisons étaient entièrement dévastées. Le paysan me dit : « Votre mère et vos deux sœurs sont parties depuis deux mois pour le fort de Choucha. »

Le jour était presque passé. Je me suis décidé de coucher dans notre maison, qui était toute dévastée par l'armée[2]. Même je

[1] Ibrahim-Khan, gouverneur de Choucha (guerre entre l'Arménie et les Persans). *Note du ms.*

[2] Artakan, qui allait contre Ibrahim-Khan. (*Note du ms.*).

ne pus pas me procurer un peu de paille pour me coucher là-dedans. Le lendemain, je suis parti de bon matin. J'ai laissé mes compagnons de voyage dans la ville, dans leur pauvre maison, qui ne valait plus rien, comme toutes les autres.

Entre notre ville et Choucha, il y a une petite rivière que j'avais passée plusieurs fois à gué, sans aucun danger, mais, ce jour-là, il était tombé beaucoup d'eau. Je me suis présenté tout seul à la rivière. Elle m'a paru un peu grosse, mais j'avais un grand désir de voir ma mère et mes sœurs, qui me donnait le courage de passer hardiment ce petit fleuve.

Au moment, je suis entré dans l'eau. Le courant m'a enlevé et m'a frappé contre une grosse pierre que j'ai tenue ferme, pendant une heure, sans perdre ma connaissance. Je vois arriver un voyageur avec son cheval, qui a eu la bonté de me sauver la vie et de me passer sur l'autre rive. Je me trouvais encore une fois heureux.

J'arrive à six heures du soir à Choucha, au quartier des Arméniens, où j'ai trouvé plusieurs personnes de connaissance de ma mère, qui m'ont bien reçu en me disant : « Votre mère disait à tout le monde : mon fils ne m'abandonnera jamais ! Tôt ou tard, il viendra me trouver. Je connais son bon cœur et son attachement pour moi ! » Enfin, on me conduit chez maman. Au moment où elle m'aperçoit, elle se trouve mal pendant une heure, sans pouvoir me parler un mot.

Sa connaissance a commencé. Elle m'aperçoit, elle me serre contre son cœur, en versant des larmes avec mes sœurs, en m'accablant de caresses. Maman me dit : « Oui, j'étais bien sûre que tu ne me quitterais jamais, quoique tu étais jeune et bien éloigné d'ici, et dans le pouvoir de ton père, qui m'a abandonnée, peut-être pour toujours. »

Me voilà tout à fait installé, avec ma mère, dans le fort de Choucha. Je commençais à être fort et grand. Je voulais entrer en maison pour gagner quelque chose, pour soulager l'existence de ma mère et de mes sœurs, mais ma pauvre et tendre mère n'a jamais voulu, en me disant : « Je vendrais plutôt tous mes effets pour te donner l'existence. Je ne veux pas te voir dans la servitude [1]. »

Enfin, j'ai resté à la maison en recevant les caresses les plus tendres, le matin jusqu'au soir.

Un mois après, la paix était faite, tout était bien tranquille, j'ai voulu quitter le fort de Choucha pour aller à Aperkan,

[1] A sept ans (*Note du ms.*).

notre ville. Ma mère a consenti. De mon avis, j'ai fait venir une voiture, nous avons chargé tous nos effets, et nous sommes partis le matin et arrivés, le soir, à six. Notre maison était tout à fait abîmée, comme j'ai vu, en revenant de Gandja. Nous avons fait arranger la maison comme nous avons pu.

Quelques jours après, ma jeune sœur Begzada tombe malheureusement bien malade, car nous avons malheur de la perdre en huit jours de temps, qui nous a donné beaucoup de chagrin. Elle était une des plus jolies filles de la Géorgie.

Nous étions privés de nouvelles de mon père depuis une année. Cela faisait bien du chagrin à ma mère, privée de son mari et ses deux fils aussi longtemps.

Maman a reçu, quelque temps après, une lettre de mon père par un négociant de Kasaque[1]. Ma pauvre mère était la plus heureuse des femmes d'avoir reçu des nouvelles de son mari et ses enfants. Il disait dans sa lettre, qu'il était établi un gros magasin à Kasaque, et nous pourrons aller rejoindre. Ma mère a voulu absolument aller rejoindre son mari et ses enfants. Je lui dis : « Maman, si tu veux me croire, tu ferais pas ce long voyage. Si mon père avait de bonnes attentions de te rendre heureuse, il t'aurait pas quittée aussi longtemps sans te donner de ses nouvelles. Je crois même, si nous faisons ce voyage, ce serait notre dernier malheur, car les routes sont pas sûres pour les voyageurs, même les Tartares ont arrêté plusieurs fois les voyageurs. Cela me donne beaucoup d'inquiétude. » Maman n'a pas voulu m'écou-

[1] A trente lieues de Gandja, entre Tiflis et le Caucase (*Note du ms.*).
Il s'agit probablement de Ksarka, au nord de Tiflis, sur le fleuve Kour.

ter, en me disant : « Je ne fais pas ce voyage pour ton père, si tu veux, mais c'est pour mes enfants qui sont avec lui depuis si longtemps. »

Enfin j'étais obligé de céder et aller avec elle et ma sœur. Notre route était par Gandja. Comme je connaissais la route, nous avons vendu une grande partie de nos effets et j'ai conduit ma mère et ma sœur jusqu'à Gandja.

Après deux jours de marche, ma mère était bien fatiguée du voyage ; j'ai amené maman et ma sœur sur la grande place du marché de la ville.

Comme je connaissais très bien la ville, j'ai reçu de l'argent de ma mère pour aller acheter quelque chose pour notre dîner, et elle attendait toujours mon retour, mais c'est à ce moment-là que j'ai eu le malheur de perdre ma mère et ma sœur pour toujours, car j'avais un mauvais pressentiment quand nous sommes partis de notre malheureuse ville que nous aimions bien et où nous étions tranquilles. En revenant du marché pour rejoindre ma mère qui m'attendait pendant une heure, j'ai rencontré un monsieur qui m'a accosté en me disant : « Vous voilà, Roustam ! Je vous cherche depuis une heure. Votre mère est chez moi qui vous attend. » Malheureusement ce n'était pas vrai. Enfin j'ai été avec cet homme sans le connaître. Quand nous sommes arrivés chez lui, je n'ai pas vu ma mère. Je commençai à pleurer comme un malheureux que j'étais. Il me dit, le maître de la maison : « Ne craignez rien, votre mère est sortie avec votre sœur. Je vas les chercher. »

Dans cet intervalle, j'étais assis au milieu de la cour, à l'ombre des arbres[1], en atten-

[1] Il m'a fait donner un verre de bière (*Note du ms.*).

dant ma mère, qui faisait toujours mon vrai bonheur. Il était entré, à la maison, un jeune homme[1] pour dire quelque chose à deux dames qui étaient assises à côté de moi. Il m'a beaucoup regardé, en me disant si je parle Arménien ? Je lui dis que oui, même j'étais Arménien. Il me dit en même langage : « Tâchez de vous sauver d'ici, parce que on vous a amené ici pour vous vendre et vous perdre pour toujours. Vous verrez peut-être plus votre mère et sœur. » J'ai cru d'avoir reçu un coup de marteau sur ma pauvre tête. Voilà donc l'homme parti. Je restai avec ces deux mauvaises femmes. Je ne savais pas comment me sauver de cette maison-là. Il arrivait, un instant après, une femme du voisinage. Celles-ci commençaient à disputer, dans leur langage que je comprenais

[1] Commissionnaire (*Note du ms.*).

très-bien et je parlais comme eux. Je saisis cet heureux moment-là. J'ai pris la clef de la garde-robe ; on a cru que j'avais vraiment besoin. A côté de la garde-robe, était une porte qui donnait sur une petite cour, mais la cour était coupée par un ruisseau de deux pieds de profondeur. Enfin, au moment que j'étais à côté de la porte de la petite cour, je suis rentré et j'ai fermé la porte sur moi et j'ai traversé le petit ruisseau, et je me trouvais hors de danger et échappé des mains de ces brigands-là.

Je me suis rendu, sur-le-champ, à l'endroit que j'avais laissé ma mère et ma sœur, mais, malheureusement, j'ai rien trouvé. J'ai demandé à tout le monde qui passait à côté de moi. Personne faisait attention de mon malheureux sort[1].

Cependant, en traversant sur un pont,

[1] J'étais resté une heure absent (*Note du ms.*).

j'ai rencontré un ancien ami de mon père que j'ai connu très-bien aussi. Je lui contai toutes nos peines en chemin faisant. Il me dit : « Ne craignez rien, je trouverai votre mère et je ferai punir l'homme qui vous a arrêté ! » Il m'amène chez lui et me fait bien dîner et m'amène avec lui au marché que j'avais perdu ma mère. Il me montra tout le monde qui passait et il me disait tout bas : « C'est-il lui ? » Je lui disais : « Non ! ce n'est pas lui, ce n'est pas lui ! Si vous voulez, je vous conduirai chez lui. Ce n'est pas loin d'ici. » Il me dit : « Non, ce n'ést pas nécessaire, je saurai bien le trouver. » Il me mène ensuite dans une grande maison. Il me dit : « Reste ici, je vais chercher votre mère. » Je demandais pas mieux, mais le brigand venait pas. Je pleurai le matin jusqu'au soir. Le lendemain, la maîtresse de la maison me dit : « Ce monsieur qui vous a amené ne viendra plus, il ne faut pas compter sur lui. » Je lui dis : « Eh bien ! je vais aller chez lui. Je sais sa demeure. » Elle a fait fermer la grande porte pour m'empêcher de sortir.

Me voilà donc dans un état inconsolable. Pour me consoler, elle me dit : « Je n'ai pas d'enfant, mon intention est de vous adopter pour mon fils. » Je pleurais toujours sans consentir à sa proposition. Le barbare qui m'avait amené dans cette maison m'avait vendu pour la deuxième fois. La première fois était manquée parce que je me suis sauvé, comme je viens de le marquer. Il me paraît que ma mère a su que j'étais dans cette grande maison, car elle est venue plusieurs fois avec ma sœur à la porte pour me demander[1]; mais on a toujours refusé de la recevoir, en disant : « Il n'est pas d'enfants à la maison. » Elle

[1] Je tiens ces détails de ma sœur (*Note du ms.*).

retourne toujours en versant des larmes comme un torrent.

Comme je n'ai plus de moyens de sortir de cette maison-là, j'ai été obligé de consentir d'être le fils adoptif à la maîtresse de la maison, en croyant être plus libre pour sauver plus facilement et de me retourner tout à fait dans mon pays natal. Peut-être j'aurais pu trouver ma mère par les négociants qui voyagent un pays à l'autre. Je dis à la maîtresse : « Je veux bien être votre fils adoptif, en condition que vous trouverez ma mère. Nous irons, nous deux, chercher dans la ville. » Elle me dit : « Oui, ne craignez rien, je m'en charge. »

Enfin voilà la cérémonie qui commence : comme usage de pays, elle me passe dans une chemise, elle m'embrasse en me disant : « Vous voilà mon fils, je ferai votre bonheur ! »

Avec tout ça, je n'avais pas confiance en elle. Je disais moi-même : « Me voilà encore vendu pour la troisième fois! » Je me suis pas trompé dans ma pensée.

J'ai resté à peu près deux mois chez elle[1].

Elle m'avait fait donner des jolis habits, bon lit et très-bien nourri, mais je me méfiais toujours de toutes ses bonnes attentions. Je demandai plusieurs fois pour sortir jusqu'au bout de la porte. Elle me disait : « Non, non. Demain nous sortirons ensemble. » C'était toujours la même chose. Enfin je n'ai jamais pu m'échapper. Dans tout cet intervalle-là, venaient des visites dans la journée pour ma mère adoptive. Elle ne me faisait voir à personne, quand elle entendait frapper la porte. Elle me cachait dans les petites chambres, quel-

[1] Mon père adoptif, trompeur, me faisait donner le signalement de ma mère (*Note du ms.*).

quefois elle se cachait avec moi. Je lui disais : « Mais pourquoi nous nous cachons, nous sommes pas malfaiteurs ? » Elle me disait : « Mais non, ce n'est pas pour ça, je ne veux pas recevoir beaucoup de monde, je veux rester avec mon fils. Elle m'a fait voir seulement un tailleur, qui m'a fait faire des habits. Quelques jours après, le mari de la bourgeoise me dit : « Nous ferons un voyage, dans quelques jours, sur le côté de la mer Kaspienne, et viendrez avec moi. » Je lui dis : « Oui », en pensant que je pourrais me sauver en chemin faisant. Malheureusement, je n'ai pas pu réussir mon désir.

Un jour, bien bonne heure, à minuit, le domestique monte dans ma chambre. Il me dit qu'il faut que je m'habille, parce que nous allons partir pour Kaspienne. Une demi-heure après, je descends dans la chambre de ma mère adoptive. Je lui fais mes adieux. Elle me disait : « Ne craignez rien, vous viendrez, dans quinze jours, avec mon mari. »

Je comptais bien me sauver, en sortant de la maison, de ne pas aller plus loin. On ouvrit une petite porte qui donne dans une cour. Première chose que j'aperçois c'était trente chevaux de selle tout sellés, bridés. On ouvrit une autre porte d'une espèce de manège qui avait dedans soixante petits enfants tous bien habillés. A ce coup d'œil, je me disais en moi-même : « Me voilà encore vendu pour la quatrième fois! » Enfin on nous a fait monter deux sur chaque cheval. Nous voilà donc partis pour notre destination, escortés par quelques hommes armés.

Deux jours après, nous avons rencontré une grande quantité de Tartares qui nous ont arrêtés, pour nous prendre.

Tous les hommes armés se sont battus pendant une demi-heure, et on nous a capitulés en condition que tous les Arméniens seront au pouvoir des Tartares, et les Géorgiens resteront à mon vilain et brigand père adoptif, qui n'était pas trop content d'avoir perdu quinze de ses meilleurs petits enfants, et j'ai resté avec lui aussi, comme géorgien..

Trois jours après, nous sommes arrivés dans une grande ville tout-à-fait au pied du mont Caucase[1]. J'ai resté quelque temps; tous les autres ont été vendus en peu de temps.

Depuis quelques jours, j'ai perdu de vue mon cochon qui m'avait amené dans cette ville. Il me paraît qu'il m'avait encore vendu pour la cinquième fois.

J'étais chez un brave homme qui me traitait bien. Même j'étais très-libre, je me

[1] Giarra (*Note du ms.*).

promenais tous les jours tout seul. J'avais grande envie de me sauver, mais je ne pouvais pas, parce que j'avais le grand fleuve de Kour à passer. Je n'avais pas d'argent pour m'aider à me sauver et passer le fleuve. J'ai resté donc là trois mois dans l'hiver, toujours pleurant d'être séparé de ma tendre mère qui faisait mon bonheur.

Je savais bien que je ne resterais pas longtemps où j'étais. L'homme à qui j'appartenais était un grand marchand de soie, qui faisait quelquefois des voyages en Crimée. Il me fait donner, un jour, des bottes fourrées, une pelisse bien chaude, pour que je voyage avec lui.

Nous avons traversé la fameuse montagne de Caucase, avec grand'peine. Il faisait un froid extraordinaire. Le bourgeois avait porté deux couvertures avec lui, qui nous ont bien servi. Ce n'était pas pour nous couvrir, c'était pour couvrir la grande quantité de neige, pour marcher sur la couverture. Quand nous marchions sur une, on mettait l'autre devant nous, pour que nous nous perdions pas dans la neige et pour avoir plus de facilité de grimper sur les montagnes.

Après les mauvais passages, nous avons encore marché deux jours pour arriver dans la capitale du mont Caucase, qui s'appelle Lesghistan[1].

Le prince qui gouverne cette province s'appelle Héraclius : le pays, quoique très-montagneux, est un bon pays. On fait des grands commerces de soie et de cachemire, comme à Gandja.

Les moutons du pays sont très-bons aussi et bien gros : un seul pèse quatre-vingts livres, même plus ; il a aussi de beaux che-

[1] Le Lesghistan, ou pays des Lesghis, peuple nomade du Caucase oriental, très répandu dans le Daghestan.

vaux. Les Tartares tirent tous leurs beaux chevaux dans ce pays-là, même les Turcs d'Anapa.

Le marchand avec lequel j'étais voulait aller en Tartarie le plus tôt possible, mais il m'est arrivé une maladie, il était obligé de retarder son voyage jusqu'à ce que je sois rétabli, mais ça durait près de deux mois. C'est une maladie qui m'a fait bien souffrir. Une seule fois que je suis allé me promener dans les montagnes, à mon retour à la maison, j'avais bien froid, je me suis approché auprès du feu que j'avais croisé mes jambes et, assis par terre comme tout le monde, il se trouvait un grand chaudron sur le feu, de l'eau étant bien chaude. Quelqu'un remue le feu : voilà donc le chaudron renversé sur mes deux jambes !

J'ai souffert comme un malheureux, mes jambes sont venues grosses comme un tonneau. Deux mois après, j'étais tout-à-fait guéri de cet accident[1].

Enfin nous sommes partis pour Alexandria, la ville de Tartarie, et, trois jours après, nous sommes arrivés dans cette ville. Quelques jours après notre arrivée, j'ai demandé au marchand que j'appartenais, la permission pour aller promener, et j'ai eu la permission.

Au moment que je quittais la porte, j'ai rencontré une petite demoiselle de mon âge, treize ans, native de mon pays et même ville. Elle était prise par les Tartares, deux mois avant moi.

Enfin je m'empressai de lui donner des nouvelles de ses parents. Elle me dit : « Votre sœur Marie est ici; si vous voulez, je vous conduirai chez son maître. » Je demandais pas mieux d'y aller partager

[1] A Giarra (*Note du ms.*).

toutes mes peines avec elle. Enfin elle me conduit jusqu'à sa porte. Je rentre à la maison pour demander ma sœur. Elle m'aperçoit. Elle saute à mon cou. Elle avait du courage plus que moi, car je pleurais si fort que je ne pouvais pas lui parler ni demander des nouvelles de ma pauvre mère que j'avais laissée à Gandja.

Elle me consola du mieux qu'elle put, en me disant que maman était esclave chez un Arménien qui était établi dans la ville, comme un grand négociant, et il a acheté maman et lui a donné sa liberté en lui disant qu'elle pourra aller dans son pays si elle veut. Maman, étant seule, n'a pas pu entreprendre le voyage, et elle vivait dans cette maison comme un ami jusqu'à ce que les communications soient libres pour qu'elle retourne dans son pays.

J'étais bien heureux d'apprendre que ma mère n'était pas loin de moi, car, de Alexandria à Kizliar [1], n'avait que vingt lieues. J'ai demandé au marchand que j'appartenais la permission d'aller voir ma mère : il n'a jamais voulu.

Après ça, j'ai fait plusieurs démarches auprès des négociants de mon pays pour qu'ils m'achètent et me gardent jusqu'à ce que nous écrivions à mon père pour qu'il vienne nous chercher, mais, malheureusement, personne a voulu nous rendre ce service-là, en me disant : « On veut vous vendre trop cher, sans cela je vous achèterais [2]. »

J'étais désolé de ne pas pouvoir embrasser ma pauvre mère encore pour la dernière fois, car je suis parti pour Constantinople, quelques jours après, à Kizliar, avec un marchand de petits enfants, venant de Cons-

[1] Ville de la province de Térek (Russie méridionale), sur le Térek, et à 55 kilomètres de la mer Caspienne.

[2] 1.800 francs (*Note du ms.*).

tantinople, qui m'a acheté, pour la sixième fois depuis que j'ai quitté mon pays. J'ai bien prié mon nouveau marchand pour qu'il achète ma sœur pour amener avec moi à Constantinople, pour que nous contions nos peines l'un à l'autre. Il n'a pas voulu non plus. Enfin j'étais tout-à-fait désolé. Je pleurais le matin jusqu'au soir. Ma pauvre sœur, elle m'a caressé bien tendrement en me disant : « Donne-moi un peu de tes cheveux. Je les ferai remettre à notre bonne mère » (pour lui bien assurer que j'étais vivant). J'ai été bien caressé pendant quinze jours. Elle prend les ciseaux et coupe une grande quantité de mes cheveux, en versant des torrents de larmes sur ma tête, en disant : « Mon cher Roustam, dans tout pays où tu iras, il faut pas négliger de m'écrire ; tu vois bien que nous n'avons plus d'autre consolation que de te chérir et penser nuit et jour à toi. Si papa vient dans ce pays ici, nous l'enverrons à Constantinople, pour te chercher. » Et elle a pris l'adresse du marchand que j'appartenais, demeurant à Constantinople, pour donner à mon père. Même, elle m'a promis de m'écrire, mais, depuis cette époque-là, je n'ai reçu aucune lettre de mes parents, ni leurs nouvelles.

Je ne savais pas l'époque de notre départ de Kizliar. Ma pauvre sœur ne savait pas non plus, mais nous sommes partis, quelques jours après, dans la mer, pour Anapa. C'est le premier port de mer et frontière de la Turquie.

Après trois jours de marche, en passant par la frontière de Turquie et Mingrélie, nous sommes arrivés sur une grande montagne, à une demi-lieue de la ville d'Anapa.

Quand j'ai aperçu, pour la première

fois, la mer Noire, je pleurai beaucoup en disant : « Je vais traverser cette grande mer, je vais être privé, pour toujours, de ma malheureuse famille et de ma patrie ! »

Je voyais les vaisseaux marchands en rade, qui nous attendaient. Enfin nous sommes arrivés, le soir, dans la ville. Le lendemain, nous sommes embarqués pour Constantinople. Après deux jours de traversée, je suis arrivé au passage des Dardanelles. Après, on nous a fait attendre quelques jours[1] à l'entrée des Dardanelles. Après, on nous a fait aller à Constantinople.

J'étais logé à côté de Sainte-Sophie. C'est la plus grande et plus riche des cathédrales de l'univers.

Cette cathédrale a été bâtie par les Armé-

[1] Quarantaine (*Note du ms.*).

niens, mais les Turcs s'en sont emparés.

J'ai resté à Constantinople six mois. Il était arrivé, de l'Égypte, à Constantinople, un marchand appartenant à Sala-Bey, pour m'acheter. C'est la dernière fois et la septième fois que j'étais vendu, depuis mon malheur.

Quelques jours après, on m'a embarqué sur un vaisseau de marchand, au passage Dardanelles, et nous sommes partis pour Alexandrie, premier port de mer d'Égypte.

Après huit jours de traversée, nous sommes arrivés à Alexandrie. On nous a laissés dans la ville pendant deux jours, pour nous reposer. Après ça, on nous a embarqués sur des petits bateaux, que l'on appelle caïques, pour aller d'Alexandrie au Grand Caire, où était Sala-Bey.

Nous avons passé par le passage bien dangereux où le Nil rentre dans la mer Noire (*sic*), où les deux fleuves se cognent l'un contre l'autre : les grosses vagues sautent aussi haut que les maisons. Enfin, nous sommes passés sans danger.

Rien de joli comme le voyage d'Alexandrie au Grand Caire. On trouve, tout au long du Nil, les cannes à sucre plantées, les dattiers, les grenadiers.

Nous sommes arrivés, le même jour, à Rachide [1], à la moitié de chemin du Caire.

Le lendemain, on nous a envoyé des bons chevaux de selle arabes, pour nous amener au Grand Caire.

Nous étions douze jeunes gens, destinés pour Sala-Bey, et nous sommes montés tous à cheval et arrivés le soir à Boulak, à une demi-lieue du Caire, et nous avons dîné là, et on nous a fait chercher à onze heures du soir pour nous faire rentrer dans la

[1] Rachide, nom égyptien de Rosette.

ville[1]. Le lendemain, on nous présentait au Bey, qui nous a bien reçus. Il m'a beaucoup questionné en langue géorgique, que je parlais peu, parce que j'avais quitté mon pays trop jeune. Il me demanda dans quel pays je suis né, si je suis de Tiflis en Géorgie. Je lui dis que oui. Je lui dis le nom de mon père, qu'il connaissait très-bien, parce que lui-même est géorgien. Il a beaucoup voyagé en Arménie.

On préfère, pour être bons Mamelouks, les Géorgiens et les Mingréliens, je ne sais pas pourquoi, car les Arméniens sont encore plus braves que les autres nations. Dans cette époque-là, j'avais quinze ans.

Après ça, le Bey il me dit : « Allez vous reposer. On vous fera des habits, et je vous ferai donner un bon cheval, et j'aurai soin

[1] Les Français n'étaient pas encore en Égypte (*Note du ms.*).

de vous comme de mes compatriotes, et je donnerai de vos nouvelles à vos parents. » Je ne sais pas si c'est vrai, car je ne reçus aucune nouvelle depuis que je suis quitté ma sœur à Kizliar en Tartarie. Je quitte le Bey pour aller dans ma chambre que l'on m'avait désignée. En traversant dans un grand corridor que j'ai rencontré beaucoup de Mameloucks vieux et jeunes, j'ai reconnu un jeune homme de quinze ans, de mon âge. Il était né dans la ville où j'étais, il était mon camarade, mais il était perdu deux ans avant moi.

Je voyais, tous les jours, sa mère et son père pleurer après lui. Exprès, je me suis approché de lui, je demande s'il me connaît. Il me dit non. Je lui dis : « Mais tu t'appelles Mangasar, tu es né à Aperkan ! Comment ! tu me connais pas ? J'étais ton camarade, je m'appelle Roustam ! » Il me dit : « Ma foi oui ! » Il me sauta au cou.

Nous renouvelons notre amitié, et je lui donne des nouvelles de son père et sa mère.

J'étais très-heureux d'avoir trouvé un camarade. Nous racontions nos peines l'un et l'autre, pour nous distraire un peu.

Six jours après mon arrivée, il vient dans ma chambre un barbier avec un Cachef (colonel) de Sala-Bey, pour me baptiser, comme à la mode du pays. C'était pour me faire la circoncision. Il m'en expliquait la cause en me disant : « C'est par ordre de Sala-Bey, » et, pour être bon Mamelouck, il faut que je sois circoncis.

Voilà le barbier qui commence la cérémonie malgré moi.

Dix jours après, j'étais tout à fait rétabli. Quelques jours après, j'ai reçu le cheval que l'on m'a promis à mon arrivée au Grand Caire.

Pendant deux mois, j'ai fait aucun service que d'apprendre à monter à cheval et à apprendre à lancer la lance. Après les deux mois, j'ai voyagé avec les corps des Mameloucks, dans la province d'Égypte.

Après ce dernier voyage, j'ai resté au Grand Caire pendant deux années sans faire aucun voyage.

Toute l'Égypte était gouvernée par vingt-quatre Beys : le Mourad-Bey était le premier et Ibrahim le second. Les vingt-quatre Beys faisaient, chacun à leur tour, un voyage à la Mecque, pour l'usage de la religion.

Le tour de Sala-Bey est venu. J'ai fait le voyage de la Mecque avec lui. J'ai vu aussi le tombeau de Mahomet [1].

A notre retour de la Mecque, nous sommes arrivés jusqu'à trente lieues du Caire.

[1] Le voyage a duré deux mois. Cinq cents Mameloucks et leurs femmes avec eux sur des chameaux (*Note du ms.*).

Sala-Bey apprit que les Français sont entrés au Grand Caire. Mourad-Bey a donné une grande bataille à Guiza [1], même l'avait malheureusement perdue.

Une grande partie des Mameloucks était noyée, dont mille en traversant à la nage avec leurs chevaux.

Après ça, Sala-Bey a décidé à retourner auprès de Djezzar-Pacha, à Saint-Jean d'Acre, parce qu'il n'avait pas assez de forces pour donner une bataille [2].

Djezzar-Pacha avait trouvé fort mauvais de n'avoir pas donné une affaire contre les Français, avant de quitter le pays.

Quand nous sommes arrivés dans la ville, le Sala-Bey a rendu une visite à Djezzar-Pacha, aussitôt son entrée en ville.

Le Sala-Bey étant dans le salon avec

[1] (Gizeh). Bataille des Pyramides (*Note du ms.*).

[2] Parce que le Grand Caire était occupé par les Français. Il avait avec lui huit cents Mameloucks (*Note du ms.*).

Djezzar-Pacha, on avait ordonné pour faire prendre du café. On a fait mettre, dans le café, du poison, et on présente à notre malheureux Bey. Il prend son café : une demi-heure après, il était mort. Nous étions tous désolés de cette perte. Le Djezzar-Pacha voulait tous nous garder avec lui, mais personne a voulu rester. Il y a eu beaucoup qui se sont sauvés pour aller dans leur pays, et d'autres pour la Mecque, et moi j'ai pris mon domestique avec moi. Je suis parti pour le Grand Caire, parce que j'avais beaucoup de connaissances dans la ville, alors je ne craignais rien. Après avoir quitté la ville de Saint-Jean-d'Acre, j'ai quitté mon habit de Mamelouck et j'ai pris un de mon domestique. Enfin, j'étais habillé comme lui. J'ai été obligé de vendre mon cheval et mes armes, et j'ai donné une somme d'argent à mon domestique pour qu'il dise rien à personne, quand nous serons arrivés au Grand Caire. Il m'a donné sa parole qu'il me servira toujours, et personne ne saura rien, et je suis bien tranquille. Enfin, nous avons pris chacun un âne et nous avons voyagé jusqu'au Grand Caire.

Comme ça, nous sommes rentrés dans la ville très-facilement, parce que nous étions costumés en paysans.

Je voyais tous les jours, dans la ville, beaucoup de troupes françaises et beaux et vieux grenadiers, à grandes moustaches, qui faisaient la garnison de la ville, et les dragons occupent Boulak, à une lieue de la ville.

J'ai resté à peu près un mois dans la ville, sans occuper aucune maison. J'avais peur qu'on me fasse connaître et qu'on me mette en prison comme prisonnier. Je mangeais et je me couchais dans la rue, avec mon domestique qui ne me quittait jamais.

A force de dépenser, j'avais guère de l'argent. J'ai appris que le sheik El-Bekri[1] avait une grande place dans le civil, c'est-à-dire pour la religion.

J'ai beaucoup connu ce grand personnage-là, dans la maison de Sala-Bey. Je me suis présenté chez lui pour lui demander un emploi, mais son portier ou domestique me refusait toujours la porte, en me disant : « Le sheik El Bekri n'est pas visible, même on ne donne pas les audiences aux paysans. » Enfin, je me suis forcé de leur dire mon nom et à qui j'appartenais autrefois.

Après ces démarches, le sheik m'a fait dire qu'il me recevra demain. Je me suis rendu chez lui, le jour désigné. Il m'a très bien reçu, en me disant : « Je vous garde-

[1] Sheik El Bekri, chef du civil. Espion de Bonaparte, très dévoué. C'était pour cela qu'il avait des Mameloucks (*Note du ms.*).

rai bien à mon service et vous monterez à cheval avec moi, mais il faut la permission du général Bonaparte, général en chef. » Dans ce moment-là, j'avais bien peur qu'il me fasse prendre par les Français, parce que je connaissais pas encore leur manière de vivre et leur religion. Cependant mon domestique courait tous les jours dans le monde, et il me disait que les Français sont bonnes gens et sont de la religion chrétienne.

Je commençais un peu à être tranquille, parce que je suis aussi chrétien, comme eux.

Enfin le sheik El Bekri m'a fait monter dans son sérail, en me disant : « Restez-là, jusqu'à ce que je demande la permission au général en chef. »

Me voilà donc dans le sérail avec cinq femmes qui appartenaient au sheik. Elles m'ont apporté beaucoup de sorbets et *fétère* [1] c'est-à-dire des pâtisseries et limonade, mais j'avais le cœur gros, je n'acceptai rien. Je me voyais au milieu de ces dames, avec une seule chemise bleue sur mon corps.

J'ai été obligé de pleurer auprès de ces dames. Toutes ces bonnes personnes pleuraient aussi de mon sort, en me consolant le mieux qu'elles pouvaient.

Le même jour, le sheik El Bekri monta à cheval et alla chez le général en chef et lui demanda la permission de me garder avec lui ; il lui a donné cette permission, en lui demandant si j'étais bien âgé et si j'étais un bon sujet. Le Sheik lui a répondu que oui : « Je réponds de lui, c'est un bon sujet, il est âgé de quinze ans et demi. Il appartenait, autrefois, à Sala-Bey, qui a été empoisonné par Djezzar-Pacha, à Saint-Jean-d'Acre. »

[1] Gâteaux (*Note du ms.*).

Après ça, le général en chef lui dit : « Si le Mourad-Bey veut être bien raisonnable, je lui donnerai la permission de venir, avec tous ses Mameloucks, au Grand Caire[1]. »

Après quelques heures, je vois arriver le sheik El Bekri. Il me dit : « Vous êtes à mon service. Le général en chef m'a donné la permission. » Et il fait venir, sur-le-champ, un tailleur, et il me fait des habits à la Mamelouck, comme j'étais autrefois.

Toutes ces bonnes dames, elles me font demander, aussitôt, dans le sérail, elles m'ont embrassé, et elles m'ont félicité que je restais dans la maison, et elles m'ont prié que je leur fasse demander ce que j'aurais besoin, et elles m'ont fait présent de plusieurs mouchoirs brodés en or et jolie bourse pour mettre de l'argent, idem

[1] Il était avec ses Mameloucks, dans le désert (*Note du ms.*).

brodée en or. Ce que je trouvais bien joli, c'est la fille du sheik El Bekri, jolie comme les amours, âgée de onze ans et demi.

J'ai resté dans cette maison-là à peu près trois mois. Dans cet intervalle-là, le sheik avait ramassé, dans la ville, environ vingt-cinq Mameloucks, qui étaient isolés ou cachés dans les maisons. Comme j'étais le plus âgé et plus ancien, il m'a nommé leur chef et leur faire apprendre à monter à cheval.

Il me paraît que les dames que j'ai vues dans le sérail, qui m'ont si bien reçu, ont bien engagé sheik El Bekri pour me faire marier avec sa fille que je connus dans le sérail et âgée de douze ans. Enfin, tout était convenu et d'accord pour mon mariage, même le général en chef Bonaparte était prévenu de mon mariage avec la fille du sheik.

J'avais gagné pas mal d'argent chez le

sheik. Il venait bien souvent à la maison les Sheik-El-Balad, c'est-à-dire les chefs des villages, qui apportaient à leur maître les contributions qu'ils devaient payer tous les ans, et sheik El Bekri leur faisait présent, à chacun, d'un manteau et d'un cachemire. Moi, étant chef des Mameloucks, c'était à moi à leur donner les manteaux et les cachemires. Il me venait, quelquefois, trois et quatre cents francs et j'économisais toujours pour envoyer à ma mère; mais je n'ai jamais pu en trouver l'occasion.

Je montais, tous les jours, à cheval, avec le sheik, qui dînait bien souvent avec le général en chef, et c'est là où on tenait les conseils de la ville et de l'armée.

Le général en chef partit, avec une grande partie de son armée, pour prendre Saint-Jean-d'Acre. A son arrivée au pied de la ville, il fait monter à l'assaut plusieurs fois, même jusqu'au dernier mur, même il y avait plusieurs grenadiers qui avaient pénétré dans la ville, mais, malheureusement, il ne put pas réussir, à cause des munitions. Il retourna au Grand Caire[1].

Après son arrivée, il s'habillait quelquefois en habit turc, et il disait qu'il ne retournerait plus en France, qu'il se ferait circoncire à la manière turque, et il se ferait roi d'Égypte.

Tout le monde était bien content de ça : on avait beaucoup confiance en lui, mais c'était pour mieux tromper les Turcs. Dix à douze jours après, on vient nous appren-

[1] Je vis pour la première fois Bonaparte quand il revint de Saint Jean-d'Acre. El Bekri va au-devant de lui avec ses Mamelouckss. Tous les grands personnages avec nous. Cheval noir magnifique, tout équipé à la mamelouck. Effet de la première vue : couvert de poussière, haletant. Bottes a retroussis. Culottes blanches casimir. Habit de général. Visage basané. Cheveux poudrés longs et la queue. Pas de favoris (*Note du ms.*).

dre qu'une armée de Turcs va débarquer à Aboukir. Le général en chef est parti, sur-le-champ, avec le général Murat, pour commander l'armée qui était occupée dans la province d'Alexandrie. Dans cet intervalle, le sheik El Bekri prit un nouveau Mamelouck, beaucoup plus âgé que moi. On lui avait donné le commandement de tous les Mameloucks qu'avait le sheik. C'est lui-même qui lui avait donné ça, sans me prévenir, même lui avait promis sa fille en mariage, ce qui était convenu pour moi, car tout était prêt pour ça.

Je défendais tous les jours, aux jeunes Mameloucks, de courir dans les rues, même dans la cour, par ordre du sheik. Un jour, je descendais jusqu'au pied de l'escalier, voilà le nouveau Mamelouck qui vient pour me faire monter dans ma chambre, malgré moi, en me disant qu'il était mon chef; mais je ne voulais pas lui obéir. Je lui dis : « Oui, je monte, mais vous allez venir avec moi ! »

J'avais, à la maison, deux jeunes Mamelouckx qui m'aimaient comme leur frère. Quand nous étions dans ma chambre, j'ai commencé de lui dire : « Quel ordre avez-vous reçu pour me commander? » Il me dit : « Je n'ai pas de comptes à vous rendre ! » Et nous avons commencé la dispute. Je suis sauté sur lui, pour le taper, mais il était beaucoup plus grand que moi. Mais les deux Mamelouckx que j'avais avec moi se sont levés tous deux, et nous sommes tombés tous les trois sur lui, et nous l'avons fait tomber à terre. Je lui en ai donné tant que sa figure était enflée. Il finit de descendre au pied de l'escalier et resta là.

Dans ce moment-là, le sheik était dans le sérail, mais j'avais grand peur que le sheik me fît donner des coups de bâton, d'avoir battu mon camarade.

Les deux jeunes Mameloucks me dirent : « Ne craignez rien, nous dirons au sheik que vous avez pas le tort, que c'est le nouveau Mamelouck qui a voulu commander et disputer avec Roustam, qui méritait pas (de châtiment). »

Sur les quatre heures après-midi, le sheik descend du sérail et rentre dans son salon, et me demande du café et sa pipe, que je lui ai présentée. Tous les Mameloucks sont venus dans le salon pour se tenir tout debout au-devant du sheik El Bekri, comme usage du pays. Voilà le sheik qui me demande où il est le nouveau Mamelouck. Je lui dis : « Il est en bas ». Je l'ai envoyé chercher par un Mamelouck. Il rentre dans le salon. Le sheik aperçoit sur sa figure qu'il a été battu, car ses yeux et sa figure étaient enflés des coups que je lui avais donnés. Comme j'étais le plus grand, le sheik me demande pourquoi il a du chagrin, qui qui l'a battu. Je lui réponds :

« C'est moi, parce qu'il n'était pas sage : il voulait aller dans les rues et voulait me commander. »

Voilà donc le sheik se mit en colère contre moi, en me disant que j'étais un mauvais sujet d'avoir battu mon camarade de cette manière-là, que si je le mettais trop en colère, il me ferait prendre par les Français, et que je mérite de recevoir des coups de bâton sur le talon de mes pieds. Par exemple, j'avais bien peur de toutes les menaces qu'il me faisait. Je lui demande la permission de lui expliquer la cause que j'ai battu le nouveau Mamelouck. Il me dit : « Oui, parle, et dis-moi la vérité, sans cela je vous punirai sévèrement, et pour te donner en exemple. » Je lui dis : « Oui, je ne vous cacherai rien, je vous dirai la vérité. C'est vous qui avez caché tout à mon égard : jusqu'à présent vous m'avez nommé pour commander les vingt-cinq Mamelouchs qui sont à votre service. Même je comptais, un jour, être heureux en épousant votre fille. Vous m'en avez donné la parole. Même, le général en chef était prévenu pour ça, et je me trouve, à présent, commandé par un nouveau et mauvais sujet Mamelouck, et vous avez promis votre fille à lui, sans me prévenir pour que je puisse obéir à ceux qui ont reçu l'ordre pour me commander, et je lui obéirai jamais sans ordres. Voilà tous les Mamelouchs qui sont présents, il faut leur demander si j'ai tort, si j'ai manqué à mon service. »

Il me dit : « Eh bien ! C'est lui que j'ai nommé chef. C'est mon intention et tout le monde lui obéira. Si vous n'êtes pas content, je vous ferai prendre par les Français ! »

Moi j'avais toujours peur que ce cochon-là me donne des coups de bâton.

Je lui dis : « Je les sais, à présent, vos ordres. Je vous jure, je lui obéirai. »

Heureusement, tout ça s'est bien terminé, sans les coups de bâton. J'ai appris, par une négresse de sérail, que la première femme du sheik El Bekri était bien fâchée de tout ce changement-là et sa fille pleurait toujours, que son père avait changé le mariage qui devait se faire avec moi, mais son père voulait Abraham.

Quelques jours après, j'appris que le général en chef a donné une grande bataille à côté d'Aboukir, et les Turcs ont été prisonniers ou tués. Le général Murat avait monté à l'assaut dans le vaisseau du pacha qui commandait l'armée turque et s'était battu avec lui, et lui a donné un coup de sabre qui coupa deux doigts et le prit prisonnier.

Donc, le général en chef était de retour au Grand Caire, disant toujours qu'il va rester tout-à-fait, et qu'il se ferait nommer roi d'Égypte. Tout le monde avait beaucoup confiance en lui.

A son arrivée, il donnait des grands dîners bien souvent à tous les grands personnages de la ville. Le sheik El Bekri, pour faire plaisir au général, il buvait toujours du vin dans un gobelet d'argent, pour que l'on voie pas. Il était si bien accoutumé au vin, qu'il faisait venir, tous les jours, deux bouteilles, une de vin et l'autre d'eau-de-vie, et mêlait tout ensemble, et buvait tous les soirs, et se soûlait comme un vrai ivrogne. Je voyais, tous les jours de sa vie, la même chose.

Un jour, j'ai accompagné le sheik pour aller dîner chez le général Bonaparte[1];

[1] Je l'ai vu chez El Bekri. Je servais avec mes camarades : Potage. Riz cuit dans du bouillon de poulet.

tout le monde était à table : je traversai un petit salon où j'ai trouvé monsieur Eugène[1] et deux autres personnes à table ; il m'ont présenté un bon verre de vin de Champagne, en me disant : « Bois, ça te fera pas du mal, c'est du *bon* de France ! » J'ai bu, et je le trouvais très-bon. Ils m'ont forcé absolument boire un second verre.

Après le dîner, je monte à cheval avec le sheik pour retourner à la maison : il n'y avait que la place à traverser. El Bekri avait vingt-cinq Mamelouks. J'avais une gaîté extraordinaire, par le vin de Champagne. Je faisais danser mon cheval à côté du sheik, comme un fou.

Voilà donc le sheik qui aperçoit ma

Porcelaine de Chine. Pour Bonaparte, une timbale d'argent. On fit venir du vin de Chambertin. Les Turcs boivent à même la bouteille. Vu passer la bouteille, en disant : « Fellah, à vous ! » L'Empereur et son état-major accroupi à la mamelouck, sur un double coussin (*Note du ms.*).

[1] Eugène de Beauharnais. Roustam écrit *Ugène*.

gaîté. Quand nous sommes arrivés à la maison, il me fait demander en particulier pour me parler. Je me suis rendu dans le petit salon où il buvait tous les soirs et se soûlait; il n'avait pas même la force de monter dans le sérail : il me dit : « Tu as bu du vin, aujourd'hui, chez le général? » Je lui dis : « Non, j'ai bu du *bon* de France; c'est monsieur Eugène qui m'a donné deux verres. » Il me dit que j'étais un ivrogne; il me menaça de me faire donner des coups de bâton à mes pieds. Mais je n'avais pas perdu la tête; je lui dis : « Si vous avez le malheur de me punir de cette manière-là, je dirai à tout le monde que vous faites venir, tous les jours, du vin et de l'eau-de-vie et que vous vous soûlez tous les soirs, et si vous me faites pas taper sur mes pieds, je dirai rien, je vous jure ma parole d'honneur. »

Il me paraît qu'il avait peur des menaces que je lui avais faites, et finit par me dire qu'il me pardonnait pour cette fois; que, s'il m'arrivait une autre fois, il me ferait punir.

Tout ça se passait pour le mieux, mais j'étais toujours mécontent de l'injustice que l'on m'avait faite.

Il paraît que le général en chef avait l'intention de partir pour la France. Il fait demander, par monsieur Elias[1], son interprète, deux Mameloucks, pour son service. M. Elias s'est présenté, un jour, chez le sheik El Bekri, pour prendre deux : le sheik lui a donné deux. M. Elias me dit si je veux, il me ferait entrer chez le général, en me disant : « Les Français sont des braves gens, et sont tous chrétiens. » Je lui dis : « Oui, je demande pas mieux, car

[1] Elias Massad, lieutenant de la seconde compagnie des Syriens, formée en l'an VIII par le général Bonaparte.

vous savez bien que je suis pas heureux chez le sheik. » J'avais conté toutes les injustices que l'on m'avait faites.

Voilà M. Elias parti avec deux Mameloucks, et il me laisse à la maison, en me disant : « N'aie pas d'inquiétude ; je penserai à vous. » J'étais presque sûr d'y entrer, parce que je le connaissais depuis longtemps chez Sala-Bey.

Quand Elias fut arrivé, avec les deux Mameloucks, chez le général, un de ces jeunes Mameloucks, quand il aperçut le général, se mit à pleurer, parce qu'il avait peur de lui, quoique il n'était pas méchant.

Le général dit à Elias : « Je ne veux pas garder les personnes avec moi malgré leur gré ; voilà un enfant qui pleure, il faut le ramener chez le sheik, et vous demanderez un autre de bonne volonté. » Elias dit au général : « Si vous voulez me donner une lettre pour le sheik, peut-être nous pourrions avoir le gros Mamelouck qui monte à cheval tous les jours avec lui ; c'est un bon sujet, il est géorgien. » Le général lui donna une lettre pour le sheik, pour m'avoir à son service.

Le même jour, je vois arriver monsieur Elias avec une lettre pour le sheik. En passant à côté de moi, il me dit : « Ne craignez rien, je viens pour vous chercher. » Et il rentre dans le salon où était le sheik, lui remet la lettre du général, qui me faisait demander. Dans ce moment-là, j'étais dans ma chambre, exprès pour qu'on me fasse demander. Ça n'a pas manqué.

On vient me dire que le sheik me demande. Je me suis rendu auprès de lui : il fait la lecture de la lettre. Je lui dis exprès : « Je ne veux pas aller avec les Français, je désire rester toujours avec vous. » Il me dit : « Mon ami, ça ne se peut ; le général en chef vous demande ;

s'il veut même demander mon fils, je ne pourrais pas lui refuser. »

De mon côté, j'étais bien content de quitter sa maison, car je me trouvais pas heureux de toutes les injustices que l'on m'avait faites pour un nouveau Mamelouck qui ne savait rien fairo, même ni monter à cheval. J'ai dit au sheik exprès que je ne veux pas aller avec les Français : « Je suis bien plus heureux à votre service, j'irais bien pour vous faire plaisir, mais plus tard vous me ferez sortir de chez le général? » Il me dit : « Oui, je vous abandonnerai pas, et vous viendrez me voir tous les jours. » Après ça, je lui embrasse sa main, comme usage du pays, et je lui fais mes adieux. Mon domestique, qui était toujours avec moi, je lui fais seller mon cheval, et j'ai fait mes adieux à tous mes camarades. Surtout les deux Mameloucks que je regardais comme mes frères se sont mis à pleurer comme des malheureux, de voir le dernier moment de me quitter pour toujours.

Entré au service du général en chef Bonaparte le... (*sic*), monsieur Elias m'amène chez le général, qui me reçut dans son salon. Première chose qu'il me fait, il me tire les oreilles, il me dit si je sais monter à cheval, je lui dis oui. Il me demande aussi si je sais donner des coups de sabre. Je lui dis : « Oui, même j'ai sabré plusieurs fois les Arabes. » Je lui ai montré la blessure que j'ai reçue sur ma main. Il me dit : « C'est très-bien ; comment tu t'appelles ? » Je lui dis : « Ijahia ». Me dit : « Mais c'est un nom turc, mais le nom que tu portais en Géorgie ? » Je lui dis : « Je m'appelle Roustam. — Je ne veux pas que tu portes le nom turc; je veux que tu portes ton nom de Roustam. »

Après sa rentrée dans sa chambre, il m'apporte un sabre damassé, sur la poignée six gros diamants, et une paire de pistolets garnie en or. Il me dit : « Tiens, voilà pour toi! Je te le donne, et j'aurai soin de toi. »

Il me fait entrer dans une chambre remplie de papiers, il me fait emporter tout dans son cabinet. Je servis son dîner, le même jour, à huit heures du soir. Après dîner, il demanda sa voiture pour aller promener alentour de la ville. Il fait demander monsieur Lavigne, son piqueur, pour me faire donner un bon cheval arabe et une belle selle turque, et nous avons été promener, que j'étais placé à côté de sa portière.

Le soir même, il me dit : « Voilà ma chambre à coucher ; je veux que tu couches à ma porte, et tu laisseras entrer personne, je compte sur toi! » Je lui dis, par monsieur Elias, qui était à côté de moi : « Je me trouve heureux d'avoir sa confiance, et je mourrais plutôt que de quitter ma porte et laisser entrer du monde dans la chambre. Vous pourrez compter sur moi. »

Le lendemain, j'ai resté à sa toilette, avec son valet de chambre, nommé Hébert[1]. Mon intention était de faire entrer avec moi les deux Mameloucks que j'aimais tant, qui étaient restés chez le sheik El Bekri, mais malheureusement nous sommes partis trop précipitamment[2] pour la France.

[1] Hébert, plus tard concierge à Rambouillet, avec pension de 1.200 livres sur la cassette particulière, outre ses gages.

[2] Je suis resté six jours avec lui (*Note du ms.*).

II

Départ de Bonaparte pour Alexandrie. — En route, je charge les Arabes, ce qui me vaut un poignard d'honneur du général en chef. — Embarquement pour la France. — Mes inquiétudes. — Le général me rassure. — Relâche à Ajaccio. — Une plaisanterie de mauvais goût. — Débarquement à Fréjus. — Berthier m'emprunte un sabre, cadeau de Bonaparte. — Départ de celui-ci pour Paris. — Ses bagages et sa Maison prennent la route d'Aix-en-Provence. — Notre convoi pillé par des brigands. — J'écris au général Bonaparte pour lui rendre compte de l'incident. — J'arrête de ma main, à Aix, un des bandits. — Ma présentation à Madame Bonaparte. — Inquiétude de Joséphine pendant la journée du 18 Brumaire. — Murat et sa femme. — Le piqueur Lavigne. — Je fais une grave chute de cheval. — Bonté que le Premier Consul et sa famille me témoignent en cette circonstance. — Mon portrait peint par Mlle Hortense de Beauharnais. — Le Premier Consul s'oppose à mon mariage. — La Malmaison. — J'apprends de Boutet l'entretien des armes à feu, et de Lerebours celui des lunettes d'approche. — Bonaparte, empereur des Français.

On nous disait pas que nous allions en

France; j'ai su ça bien longtemps après. Quelques jours après que je suis entré au service du général, le valet de chambre vient, à minuit, pour habiller le général; il me dit : « Nous allons partir pour Alexandrie, parce qu'il arrive une armée turque et anglaise. » Nous voilà donc partis précipitamment; je n'ai pas eu le temps même pour aller chercher mes effets que j'avais laissés chez le sheik El Bekri. Ce qui me faisait encore de la peine, c'était un pauvre domestique que je n'ai pas pu amener avec moi.

Nous sommes partis du Grand Caire le... (*sic*) et arrivés le soir à Menouf. Le général a dîné là, et nous sommes partis, le lendemain matin, pour Alexandrie, comme on disait.

En chemin faisant, nous avons rencontré une grande quantité d'Arabes qui barrait notre passage; j'ai demandé la permission au général pour charger sur les Arabes avec les guides qui étaient l'escorte du général. Il me dit : « Oui, va et prends garde que les Arabes te prennent, car on ne te ménagera pas ! »

J'avais un bien bon cheval, je craignais rien et j'étais bien armé : j'avais deux paires de pistolets, un sabre, un tromblon et un casse-tète sur ma selle.

Après la charge, le général a demandé à monsieur Barbanègre, qui commandait la charge, si je m'étais bien comporté. Il lui dit : « Oui, c'est un brave soldat, il a blessé deux Arabes. » Après ça, le général il me fait donner un poignard d'honneur, le même jour, qui m'a fait le plus grand plaisir. Depuis cette époque-là, il m'a jamais quitté.

Nous sommes couchés, ce jour-là, dans le désert, sur le sable. Le même soir, monsieur Elias[1] arrive du Grand Caire, en dépêche pour le général ; par même occasion, il m'a apporté des pastèques, c'est-à-dire des melons d'eau qui m'ont fait grand bien, car il faisait bien chaud, et il me disait : « Il y a pas l'armée turque ni anglaise, comme on le dit jusqu'à présent, et vous allez faire un autre voyage », sans me dire autre chose. Le voilà donc retourné pour Grand Caire.

Le lendemain, au matin, nous avons perdu un peu de la route, à cause de grande quantité de sable ; nous avons aperçu plusieurs femmes arabes qui travaillaient à la terre. Le général me dit que je demande à ces femmes la route. Je galope mon cheval pour aller demander à ces femmes notre route. Quand les femmes m'ont aperçu, elles ont pris leur chemise qui

[1] Il s'était embarqué à Boulak (*Note du ms.*).

était leur seul vêtement et ont montré leur derrière, enfin leur corps tout nu.

Nous sommes arrivés, à dix heures du soir, entre Alexandrie et Aboukir, au bord de la mer Méditerranée ; on a mis les tentes, et on a commandé de faire le dîner.

J'aperçois, en rade, deux frégates ; je demande à monsieur Eugène, qui était aide-de-camp du général en chef, ce que c'était que ces deux frégates, à qui elles appartenaient ; il me dit qu'elles appartiennent aux Turcs. Il m'avait encore caché le secret, car c'étaient deux frégates françaises qui attendaient, en rade, après le général et son escorte, mais j'ai su ça que le soir. Dans cet intervalle-là, il faisait si chaud que je suis allé me baigner dans le bord de la mer. Voilà donc que j'aperçois monsieur Fischer[1], contrôleur du

[1] Fischer, maître d'hôtel contrôleur, est pris d'un accès de folie furieuse le jour du combat de Landshut

général, qui vient pour me chercher. J'arrive à la tente, et je dîne. Après ça, je vois tout le monde bien content et bien gai. Les soldats faisaient sauter leurs sacs, et les cavaliers laissaient leurs chevaux à ceux qui restaient encore dans le pays.

Je me suis adressé à monsieur Jaubert [1], interprète, un Français, un des interprètes du général : « qui ce que ça veut dire, je vois tout le monde bien content ». Il me dit : « Nous partons pour Paris ; c'est un bon pays et grande ville. Les deux frégates que nous voyons d'ici, c'est pour nous conduire en France ». Et on me dit que je laisse mon cheval, Je prends seulement

(1809). Renvoyé en France, il est placé dans une maison de santé. Néanmoins, l'Empereur lui continue son traitement de 12.000 francs pendant quatre ans, dans l'espoir qu'il guérira. Il est alors mis à la retraite avec une pension de 6.000 francs (V. Frédéric Masson. *Napoléon chez lui*).

[1] P. Amédée-Emilien-Probe Jaubert (1779-1847), orientaliste, premier secrétaire interprète de Bonaparte, en Egypte, membre de l'Institut en 1830.

mon petit porte-manteau, contenant deux chemises et un châle de cachemire [1].

Me voilà parti, avec plusieurs officiers, à un petit quart de lieue de la tente, pour nous embarquer dans les chaloupes, pour rejoindre les frégates. La mer était bien agitée ; les vagues cognaient sur nos têtes, les chaloupes étaient remplies d'eau, tout le monde était malade de ce petit trajet-là. Moi je n'étais pas du tout malade, au contraire Je demandais toujours à manger. Le Mamelouck nommé Ali [2] était bien malade aussi. Nous sommes arrivés, le soir bien tard, dans la frégate, et nous sommes par-

[1] On avait désigné un homme pour conduire les chevaux à Alexandrie (*Note du ms.*).

[2] Ali, mamelouck ramené d'Egypte par Bonaparte, et par lui donné à Joséphine. Laid, méchant, dangereux. On finit par l'envoyer à Fontainebleau, comme garçon d'appartement.

L'Empereur le remplaça par Louis-Etienne Denis, né à Versailles. On l'appela Ali. Il accompagna l'Empereur à l'île d'Elbe et à Sainte-Hélène (V. Frédéric Masson, *Napoléon chez lui*).

tis, sur-le-champ, tout le monde bien content. J'ai resté un jour entier sans voir le général [1]. Tous ces messieurs, pour me faire enrager, me disaient que, quand je serais arrivé en France, on me couperait la tête, parce que, quand les Mameloucks prenaient les soldats français, ils faisaient couper la tête la même chose : ça me donnait un peu d'inquiétude.

Trois jours après notre embarcation, j'ai demandé à parler au général, par monsieur Jaubert, qui parlait arabe. Enfin, il me fait parler le même jour. Le général me dit : « Te voilà, Roustam ! Comment tu te portes ? » Je lui dis : « Très bien, mais très inquiet sur mon sort. » Il me dit : « Mais pourquoi ça ? » Je lui dis : « Tout le monde dit que, quand je serai arrivé en France,

[1] Il était parti dans un autre canot que le mien ; j'étais bien inquiet. J'avais dix-sept ans et demi (*Note du ms.*).

on me coupera la tête. Si c'est vrai, comme on dit, je voudrais que ça soit à présent, et qu'on me fasse pas souffrir jusque en France! » Il me dit, avec sa bonté ordinaire, en tirant toujours mes oreilles, comme tous les jours : « Ceux qui t'ont dit ça sont des bêtes; ne craignez rien, nous arriverons bientôt à Paris, et nous trouverons beaucoup de jolies femmes et beaucoup d'argent. Tu vois que nous serons bien heureux, bien plus qu'en Égypte! » Après ça, je le remerciai bien de la manière qu'il m'a reçu, et m'a donné la tranquillité, car j'étais bien inquiet.

Pour passer le temps dans la frégate plus agréablement, on a joué plusieurs fois aux cartes avec messieurs Berthier, Duroc, Bessières, Lavalette, enfin beaucoup de monde. Il a gagné plusieurs fois, m'a donné de petites sommes d'argent. Nous sommes arrivés en Corse, le pays du général, en traversant les côtes de Barbarie, et Tunisie [1]. Quand nous avons aperçu la côte de Corse, le général a envoyé le capitaine de frégate dans une chaloupe, pour faire dire aux autorités de la ville que le général Bonaparte arrive. Par ce temps-là, nous sommes arrivés et mouillé la frégate en rade, et nous avons vu arriver, dans les petits bateaux, toutes les autorités de la ville et beaucoup de belles dames de la ville [2] pour féliciter le général de son heureux retour. Nous avons pas fait la quarantaine comme on fait ordinairement. Le

[1] Sur la frégate de Bonaparte, deux chèvres pour le café à la crème. M. Fischer déjeunait toujours avec une grande jatte. Je me fâche. L'Empereur m'entend. Il veut que je déjeune avec du café.

Une tempête sur les côtes barbaresques, en allant en Corse. L'Empereur dînait gaiement avec Lavalette et plusieurs autres. Un coup de vent fait renverser Lavalette, et l'Empereur de rire : « Ses jambes sont si courtes ! Il boulotte ! » Une autre fois, il lisait devant sa lanterne de papier. Le feu prend. Bonaparte arrache et jette à la mer (*Note du ms.*).

[2] A Ajaccio (*Note du ms.*).

général a débarqué, une heure après son arrivée en rade, ensuite descendu dans la maison qu'il était né. Je ne suis débarqué que le soir, à mon arrivée dans la ville. Le général il me fait demander comment je trouve son pays natal. Je lui dis : « Très-bien, c'est un bon pays. » Il me dit : « C'est rien, quand nous serons arrivés à Paris, c'est bien autre chose ! »

A notre arrivée en Corse, on faisait la vendange ; il ne manquait pas du raisin ni belles figues. C'était une régalade pour nous, car, en Égypte, nous n'avions pas de tout ça dans la maison que nous habitions. Il y avait plusieurs jolies femmes, qui avaient beaucoup de bonté pour moi, comme étant un étranger ; mais, ce qui m'a fait plus de peine, c'est le bavardage de monsieur Fischer, qui avait dit au Général et au général Berthier, que j'avais fait ma cour à plusieurs de ces dames, et j'avais donné vingt-cinq piastres.

Nous sommes embarqués de nouveau dans la frégate, partir pour Toulon, mais le temps était si mauvais, nous sommes obligés de retourner encore en Corse, et nous y avons été un jour entier et nous sommes partis, le jour après, pour Toulon. Chemin faisant, le Général et général Berthier commencent à rire en me voyant, en disant : « Comment ! Tu es plus habile que nous! Tu as eu déjà les femmes en France, et nous, nous en avons pas encore eu ! » Je lui dis : « Je voudrais savoir qui ce qui vous a dit ça, car je pourrais vous assurer que c'est un mensonge. Je n'ai rien eu et rien fait. » Et ils m'ont dit : « C'est Fischer qui l'a dit. » Mais j'étais bien en colère contre ce vilain homme, d'avoir dit des menteries contre moi. J'étais si en colère que je voulais taper à Fischer.

Quand nous étions à quelques lieues de Toulon, nous avons aperçu sept vaisseaux anglais qui nous barraient le passage. L'amiral Ganteaume, qui commandait les frégates, a mis les deux frégates en défense et mis une chaloupe en mer, et attachée avec une corde après la frégate, en cas de besoin pour le général. Les Anglais, quoique encore bien éloignés de nous, tiraient des coups de canon. L'amiral Ganteaume a vu qu'il n'y avait pas moyen d'arriver jusqu'à Toulon, et nous avons laissé les Anglais sur la route de Toulon, et nous avons pris celle de Fréjus en Provence, que nous étions pas bien éloignés. car nous voyions les côtes. Nous sommes arrivés, quelques heures après, dans la rade de Fréjus. Les Anglais venaient tout près de nous et tiraient quelques coups de canon, mais ça nous faisait pas de mal, parce que les batteries des côtes nous protégeaient. Le général a envoyé, sur-le-champ, monsieur Duroc[1] à terre pour prévenir les autorités de la ville que c'est le général Bonaparte qui arrive. Après ça, les batteries des côtes ont tiré plusieurs coups de canon pour notre arrivée, et les deux frégates ont répondu avec des salves de cinquante coups de canon. Après, nous sommes tous débarqués, et nous avons été à pied jusqu'à la ville qui était à un petit quart de lieue. Nous sommes arrivés de très - bonne heure. Le général a reçu toutes les autorités de la ville, et demanda ensuite son dîner.

Ordinairement, on fait quarante-cinq jours de quarantaine sans pouvoir descendre à terre, mais le général n'a pas voulu

[1] Gérard-Christophe-Michel Duroc (1772-1813), futur Grand Maréchal du palais, était alors chef de bataillon d'artillerie et aide de camp de Bonaparte.

rester aussi longtemps, car nous sommes partis, le même soir, pour Paris, et les troupes qui étaient avec nous, quand nous sommes arrivés dans la ville de Fréjus.

Le général Berthier me dit : « Roustam, prête-moi ton sabre, je te le rendrai à notre arrivée à Paris. » Et je n'ai pas voulu lui refuser parce que j'avais un autre, et mon poignard [1] que le général m'avait donné dans le désert d'Égypte, avec une paire de pistolets que j'avais emportés avec moi du Grand Caire ; j'avais de quoi me défendre, en cas de besoin.

Le général était encore dans un salon. Je suis mis dans une petite chambre, à côté de lui, pour mettre mes pistolets en bon état et bien les charger avec des grosses cartouches. Le général passait pour aller dîner. Il s'aperçut que j'étais bien occupé

[1] Mon poignard en jade (*Note du ms.*).

après mes pistolets. Il me dit : « Qu'est-ce que tu fais là ? — Je charge mes pistolets, en cas de besoin. » Il me dit : « Nous sommes pas en Arabie, à présent, nous avons pas besoin de toutes ces précautions-là ! » Et je laisse mes pistolets comme ils étaient.

Le général est parti, le soir, pour Paris, avec monsieur Duroc et le général Berthier, et je suis parti dans la nuit avec plusieurs personnes de la maison[1], et les bagages du général. Il a voyagé aussi avec nous[2] un monsieur de Fréjus, avec sa femme[3] qui était fort jolie. Il allait jusqu'à Aix en Provence. Nous sommes marché tout la nuit, et, le lendemain, sur les quatre heures après midi, nous sommes arrivés à six lieues d'Aix en Provence.

[1] En voiture. — M. Hébert, valet de chambre, Danger, chef de cuisine (*Note du ms.*).

[2] Dans leur voiture (*Note du ms.*).

[3] Elle allait s'établir (*Note du ms.*).

C'est là où on nous attaqua par trente brigands. C'était un coup d'œil affreux, pour cet homme avec sa femme, qui voyageait avec nous. On avait attaché le mari à la voiture, et on a pillé entièrement. Mais on n'était pas content de tout cela : on a déshabillé la pauvre toute nue ; elle avait seulement une seule chemise sur son corps. On croyait qu'elle avait caché quelque diamant sur elle, étant bijoutière.

Après ça, les brigands sont venus sur notre voiture qui était chargée des bagages du général Bonaparte. Un monsieur qui était avec nous, il leur disait : « Messieurs, ne touchez pas cette voiture, parce qu'elle appartient au général Bonaparte ! » On lui a donné un coup de fusil ; il est tombé à terre, et il a manqué être tué. J'avais mon poignard sur moi : je voulais leur donner quelque coup, mais messieurs Danger et

Gaillon[1], ils m'ont empêché, en me disant : « Si nous faisons quelque résistance, nous serons perdus! » Ces messieurs, ils me disaient ça en arabe ; les autres ne comprenaient rien. Après ça, ils ont cassé toutes les caisses et ont pris tous les effets et toutes les argenteries du général, marquées *B*. Après ça, ils sont venus à moi. J'avais à peu près six mille francs, dans ma ceinture, tant en or qu'en argent. Ils m'ont pas donné le temps de défaire ma ceinture. Ils me l'ont coupée avec un couteau. Mon poignard était dans ma grande poche. Ils ne l'ont pas pris. Je suis pas fâché de cela, car c'était un souvenir du général qu'il m'avait donné dans le désert d'Egypte.

Un de ces brigands vient à moi. Il me

[1] Chefs de cuisine de Bonaparte. Le premier, qui faillit trouver la mort dans cette aventure, fut retraité avec la place de garde des bouches, a Fontainebleau (V. Frédéric Masson, *Napoléon chez lui*).

dit : « Tu es mamelouck? » Je lui dis oui, car je parlais un peu français. Il me répond : « Tu viens manger du pain de la France, on te le fera sortir par le nez ou on te le fera vomir! » Après, je leur réponds rien et on me laissa tranquille. Après ça, ils sont partis tous les trente bien armés, comme les troupes régulières, dans les montagnes.

Le malheureux homme était, tout ce temps-là, attaché à la voiture, et sa femme en chemise, pleurait comme une Madeleine. Comme les brigands sont partis, nous avons détaché ce pauvre homme de sa voiture. Vraiment c'était un coup d'œil affreux. Ce pauvre homme s'est jeté dans les bras de sa femme. Il arrachait ses favoris, ses cheveux. Le sang coulait sur sa figure, de voir sa femme si maltraitée. Après, nous sommes partis, sur-le-champ, pour Aix en Provence, et arrivés, le soir, dans la ville, sans argent pour aller jusqu'à Paris, même pour manger.

Le lendemain, les autorités de la ville ont établi un conseil pour les pertes que nous venions de faire, et on a réuni toutes les troupes qui faisaient la garnison de la ville. On a envoyé dans les montagnes après les brigands, mais on n'a rien fait et rien trouvé. Nous étions nourris pour le compte de la ville, parce que personne de nous avait de l'argent.

J'avais toujours le châle de cachemire avec moi. Je voulais pas le vendre jusqu'à nouvel ordre; j'attendais toujours la réponse de la lettre que j'avais écrite au général, à mon arrivée à Aix en Provence. Je lui mandais : « que j'avais été attaqué par trente Arabes français, et on nous a pris tout, jusqu'à toute votre argenterie. Je n'ai pas de l'argent pour faire mon voyage ni pour manger. Quand nous étions dans la frégate, vous avez eu la bonté de me donner de l'argent, mais les Arabes français m'ont tout pris. Quand nous étions dans la ville de Fréjus, vous m'avez dit : « Tu n'as pas besoin de tes pistolets, parce que, en France, il n'y a pas d'Arabes » ; mais je puis vous assurer, mon général, il y en a eu trente à la fois. Si j'avais mes pistolets chargés, j'en aurais tué quelques-uns, mais contre force n'est pas résistance. J'étais seul contre trente Arabes. »

Le troisième jour que nous étions à Aix, j'étais à la porte de l'auberge, qui donnait sur une grande promenade ; j'aperçus un de nos brigands qui passait, un sac sur son dos, en boitant, dans la grande promenade. J'ai dit à un nommé Hébert, qui était avec moi : « Voilà un voleur qui passe. Je suis sûr que c'en est un ! » Il me dit : « Je ne crois pas, car il me semble, c'est un soldat. » Je lui dis : « Je vas l'arrêter et je l'amènerai au Conseil ; on le fera interroger. »

Je courus moi-même à lui ; je lui dis : « Viens avec moi, j'ai quelque chose à vous dire », et je le conduis au Conseil où étaient toutes les autorités de la ville. On l'a interrogé beaucoup. Il répondit au juge que ce n'est pas lui qui était avec les brigands, mais qu'on lui a donné quelques petites choses malgré lui. On a défait son sac, qui contenait six couverts d'argent marqués *B*, qui appartenaient à mon général, trois bagues à la dame, avec un grand châle de mousseline, qui appartenait à cette pauvre femme qui était avec nous. On l'a jugé le même jour, et fusillé le lendemain.

On nous a dit que le général Murat devait passer par la ville, le quatrième jour. Je me suis présenté à la poste que les chevaux attendaient son arrivée ; je me suis présenté à la portière de la voiture ;

je lui ai conté tous les malheurs qui nous étaient arrivés. Il me donna cent louis pour mon voyage.

Le même soir, j'ai pris la poste avec messieurs Danger, Gaillon et Hébert, pour Paris. Nous sommes arrivés à Lyon et fait séjour. Je suis parti par la route de montagne de Tarare, qui est très-élevée, mais pas autant que celle du mont Caucase. Quand nous sommes arrivés à la barrière de Paris, on nous a arrêtés là pour visiter nos papiers. Ces messieurs avaient des papiers, mais moi je n'avais rien. Je leur dis : « Je vas chez le général Bonaparte ; on vous donnera des papiers, si vous en avez besoin. » Enfin on nous a laissés passer.

J'arrive rue de Chantereine, chez le général. Il me fait demander tout de suite à mon arrivée. Il rit bien de bon cœur, quand il m'a aperçu. Il me dit : « Eh bien,

Roustam, tu as donc rencontré les Arabes français? » Je lui dis : « Oui, cependant vous m'avez dit qu'il n'est pas de Bédouins en France. Moi, je crois qu'il y en a dans tous les pays. » Et il me dit : « Oh! que non. Je ferai finir bientôt ça. Je ne veux pas avoir, en France, des Arabes. » Je lui dis : « Je crois ça sera un peu difficile. » Après ça, il me présente à sa femme. Je lui baisai sa main, comme à la mode d'Egypte. Elle m'a reçu avec bonté. Le soir même, elle m'amène, dans sa voiture, au Théâtre italien, et elle me fait donner une jolie chambre et un bon lit. Quelques jours après mon arrivée, j'ai eu la fièvre pendant quatre jours. Elle venait me voir tous les jours. Elle me faisait donner des bonnes et jolies couvertures pour me tenir chaud. On ne disait jamais rien à l'autre mamelouck qui était avec moi. Après ça, on nous a fait habiller tout en neuf. Quelques jours après, je voyais tout le monde courir dans la maison en pleurant. Je ne savais pas pourquoi.

Je rentrais dans le salon ; je vois cette bonne madame Bonaparte sur un canapé, entourée de beaucoup de monde ; elle était sans connaissance. Je me suis informé, à plusieurs personnes « qui ce qu'il y a de nouveau : tout le monde pleure, pourquoi ça? » On me dit : « Le général a été se promener avec monsieur Duroc, alentour de Paris, et on dit qu'ils ont été assassinés tous les deux. » Je me trouve donc dans un état affreux. Je pleurais comme un malheureux, mais, quelques heures après, j'ai vu arriver le général, à cheval au grand galop, au milieu de la cour, et tout le monde était bien content de son arrivée. De mon côté, j'étais le plus heureux des hommes. Il paraît qu'il a été à Saint-Cloud, pour chasser le Directoire qui tenait le

Conseil dans l'orangerie de Saint-Cloud. Il a pris une compagnie de grenadiers et rentra dans la salle et mit tout le monde à la porte. Il y en a un qui a voulu donner un coup de poignard au général : deux grenadiers avaient paré le coup. Madame Bonaparte leur a donné, à chacun, une bague de diamant et le grade d'officier, pour récompense d'avoir sauvé son mari. Un mois après, nous avons été occuper le palais de Luxembourg, parce que la maison rue de Chantereine était trop petite, et il s'est fait nommer Consul.

Dans ce moment-là, le général Murat faisait sa cour à la sœur du général, qui fut mariée quelques jours après[1].

Le général Murat, il me faisait demander quelquefois chez lui. Il faisait voir sa

[1] Caroline, Pauline étaient en pension chez Mme Campan. Hortense, fille de Joséphine, épousa Louis (*Note du ms.*).

femme, en me disant : « N'est-ce pas, Roustam, ma femme est bien jolie ? » C'est vrai, aussi, elle était fort jolie et très aimable ; même elle m'a fait présent d'une petite bague de souvenir. Dans ce moment-là, M. Eugène était encore sous-lieutenant dans les Guides du Consul, que l'on organisait. M. Barbanègre était colonel. Le général allait promener, tous les jours, en calèche sur les boulevards. Il donnait un bon cheval pour que je l'accompagne partout. Un jour, nous étions à la promenade, M. Lavigne, son piqueur, avait monté mon cheval, et il m'avait donné un autre que je montais ce jour, mais le général s'aperçut que je montais pas mon cheval et il fait arrêter sa calèche. Il me dit : « Eh bien, Roustam, ce n'est pas la jument que je t'ai donnée ! » Je lui dis : « Non, mon général, c'est Lavigne qui monte aujourd'hui. » Il était placé à la tête de la calèche. Il le fait venir à côté de lui, qui était sur ma jument, et l'a beaucoup grondé d'avoir monté mon cheval[1] : « S'il montait encore une autre fois, il le mettrait à la porte. » Après ça, Lavigne mit pied à terre, et j'ai monté sur ma bonne et jolie jument. Il n'y avait pas, dans Paris, une trotteuse comme elle.

Un mois après, on fait préparer le palais des Tuileries pour le Consul. Quand il fut fini de meubler, le Consul est allé en grand cortège, et moi à cheval à côté de sa voiture, et a fait son entrée au palais avec grande cérémonie. Après ça, il se fait nommer Consul à vie. Quelques jours après, je montais à cheval pour aller promener

[1] A son arrivée à Paris, jalousie : un nommé Rible l'appelle *esclave*. Fureur. Il se plaint : « N'avais-tu pas ton poignard ? » Puis se ravisant : « ou, du moins, des coups de bâton ? Toi, esclave ! Suis-je un Bey ou un Pacha ? » (*Note du ms.*).

avec M. Lavigne. J'avais un jeune cheval un peu rétif. En passant à côté du pont Royal, pour aller au bois de Boulogne, mon cheval ne voulait pas avancer. Je lui pique les deux flancs, et il partit au grand galop. Malheureusement, le pavé était fort mauvais. Il faisait bien chaud. Voilà donc mon cheval manque sur les quatre jambes. J'ai tiré si fort par la bride et bridon que tout était cassé dans mes mains, mais il n'est plus de moyen de soutenir mon cheval ; il tombe à terre, et m'a jeté à quinze pieds de lui. Sa tête, sa poitrine, tout était déchiré ; le sang coulait partout. Cette pauvre bête était malade pendant un mois.

Je voulais me relever, mais mon cœur me manque, et je pouvais pas remuer mes jambes. J'avais un grand pantalon de Mamelouck et un pantalon à la française, bien serré, un caleçon et une paire de bottes : tout était déchiré! Les morceaux de chair de mes jambes traînaient par terre. Beaucoup de bourgeois sont venus, avec Lavigne, à mon secours. Ils m'ont mis dans une voiture, sans connaissance, et on m'a mené au palais des Tuileries. On fait venir, sur-le-champ, M. Suë[1], chirurgien de la Garde, qui m'a saigné cinq fois, et mis plusieurs planches à mes jambes, et bien attachées avec des cordes. J'ai gardé ces planches pendant vingt jours.

Le Consul a beaucoup grondé Lavigne, parce qu'il m'avait donné un jeune cheval et rétif. Il était bien fâché de l'accident qui m'est arrivé. Il m'envoyait tous les jours son médecin pour savoir de mes nouvelles.

Ma blessure n'était pas encore guérie quand j'ai appris que le Consul va à l'ar-

[1] Suë, médecin en chef de l'hôpital de la Garde, établi au Gros-Caillou.

mée[1]. Je voulais voir le Consul, mais le docteur ne voulait que je marche. Un jour, sur les six heures du soir, j'ai été voir le Consul après son dîner. Il me dit : « Te voilà ! Comment t'es-tu laissé tomber du cheval ? » Je lui dis : « Ce n'est pas ma faute, il me paraît que les chevaux de l'Arabie sont meilleurs que ceux de la France. » Et il me dit : « Tu sors trop bonne heure ; tu fatigueras ta jambe. » Je lui dis que non, que je suis presque guéri. Je lui dis : « Mon général, j'ai appris que vous allez à l'armée ; j'espère que j'irai aussi. » Il me dit : « Non, mon cher, ça ne se peut pas. Pour venir avec moi, il faut avoir des bonnes jambes, et monter à cheval. » J'ai dit : « Mais je marche bien aussi, je monterais aussi à cheval. » Il me dit : « Eh bien, marche au-devant de

[1] Il partait pour l'Italie. Marengo (*Note du ms.*).

moi, pour voir si tu boites! » Je faisais mon possible pour marcher droit, mais c'était impossible, car je souffrais horriblement, et il me dit : « Ne craignez rien, je serai de retour bientôt. Tu resteras avec ma femme. Elle te laissera manquer de rien. »

Je n'étais pas content de rester à Paris, je désirais bien faire le voyage. Madame, qui était à côté du général, dans le salon, me disait : « Comment, Roustam! Pourquoi tu n'es pas content de rester avec moi? Je t'aurais bien soigné! » Enfin j'ai fait mes adieux au Consul et je suis allé dans ma chambre en versant des larmes de devoir rester à Paris, malade, sans parents, sans amis, ni même de connaissances.

Mademoiselle Hortense, la fille de Madame Bonaparte, me faisait venir chez elle bien souvent, pour faire mon portrait[1];

[1] Ce portrait, exécuté à la demande de Madame

mes jambes me faisaient toujours du mal. Bien souvent j'avais envie de dormir. Elle me disait : « Roustam, ne dormez pas, je vais te chanter des jolis couplets ! » Un autre jour, elle me donne une tabatière dessinée par elle.

Dans ma maladie j'avais Mme Couder[1] et son mari, pour me soigner. Sa fille venait tous les soirs, pour voir sa mère, et elle me soignait aussi quelquefois. Après ma maladie, je voulais me marier avec elle. Elle n'était pas jeune ni riche, mais je voulais faire son bonheur. J'attendais le retour du Consul, pour lui demander la permission, mais plusieurs personnes de la maison me disaient : « Le Consul vous donnera jamais son avis pour un mauvais choix comme ça. »

Campan, lui fut donné. Voir la *Correspondance de Madame Campan avec la reine Hortense*.

[1] Surveillante de l'infirmerie (*Note du ms.*).

Après la bataille de Marengo, le consul arrive à Paris, le..... (*sic*). Il fit demander, sur-le-champ, de mes nouvelles, si j'étais tout à fait rétabli.

Le premier service que j'ai fait, depuis le retour du Consul, c'était le jour d'une grande parade, que j'ai monté à cheval avec le Consul. Le maréchal du Palais, Duroc, voulait pas que je monte à cheval le jour de parade. Ça me faisait de la peine. Je demande alors, au Consul, la permission de ne jamais quitter, car M. Duroc veut m'en empêcher. Il me dit : « Monte toujours, il faut pas écouter Duroc, ni personne. » Après, j'ai monté toutes les fois qu'il y avait des parades. J'avais une selle turque, toute brodée en or, et un cheval arabe pour les jours de parade, et, pour le service ordinaire, j'avais des chevaux français, et la selle à la hussarde galonnée en or, et je m'habillais comme je voulais.

J'avais des habits des Mameloucks, en velours et en casimir brodés en or, bien riches pour les cérémonies, et des habits de drap bleu et brodés, moins riches[1].

Un jour, au déjeuner du Consul, j'ai demandé la permission de me marier. Il m'a dit : « Mais tu es encore trop jeune pour ça. La demoiselle est-elle jeune et riche? » Je lui dis : « Non, mais elle sera une bonne femme. Je l'aime bien. » Il me paraît qu'on avait prévenu le Consul pour ça. Il me dit : « Non, non, je ne veux pas, tu es encore jeune et elle n'est pas riche. Elle a vingt-quatre ans; tu n'as que quinze ans, tu vois bien que ça ne peut pas s'arranger! » Enfin, il me refuse. J'ai bien vu que ce refus était pour mon bien et j'ai été obligé de dire au père et à la mère : « Le

[1] Voir, aux pièces justificatives ci-après, le détails des effets d'habillement délivrés à chaque Mamelouck, après son admission au Corps.

Consul ne veut pas que je me marie; c'est impossible de le forcer. » Après qu'on a dit ça à sa fille, elle était désolée de cette mauvaise nouvelle. Je l'ai consolée le mieux que j'ai pu. Elle a été mariée, une année après, avec un homme d'Amérique. J'ai fait donner une place à son mari, dans la même année.

Nous avons resté à la Malmaison trois mois pour prendre l'air de la campagne. Le premier Consul a voulu que je reste à Versailles chez M. Boutet[1] jusqu'à ce que j'apprenne à bien connaître les armes de chasse. Comme la Malmaison n'est pas bien éloignée de Versailles, je dis au premier Consul : « Si je reste toujours à Versailles, qui est-ce qui couchera à la porte de votre chambre pour vous garder dans la nuit? Je voudrais y aller le matin à six

[1] Boutet, directeur de la manufacture d'armes de Versailles.

heures, et je travaillerais jusqu'à six heures après midi, et je viendrais ici pour faire mon service? » Il me dit : « Oui, tu as raison. »

J'ai fait tout ce trajet-là à cheval, et, pendant deux mois, M. Boutet m'a montré tous les objets qui étaient nécessaires pour la chasse. Quand j'ai appris tout, M. Boutet m'a donné une lettre pour le Grand Maréchal, par laquelle je pourrais charger les fusils du premier Consul, et ses pistolets. J'ai porté la lettre au Grand Maréchal. Il l'a montrée au premier Consul, qui a été satisfait. M. Lerebours[1] me montrait aussi, pendant longtemps, à connaître les lunettes et leur nettoyage, et j'étais chargé de visiter, tous les jours, les lunettes du premier Consul et de charger ses pistolets. Les jours de la chasse, je por-

[1] Jean-Noël Lerebours (1762-1840), opticien, membre du bureau des Longitudes en 1824.

tais sa carabine et je chargeais les fusils toujours à cheval. Il me faisait toujours des compliments du service que je faisais auprès de lui.

Après quelque temps, le premier Consul a pris sa résidence au palais de Saint-Cloud, et il s'est fait nommer Empereur des Français, ce qui était un grand fait pour tout le monde.

III

Le manque d'appointements m'oblige à vendre un châle de cachemire. — Colère de l'Empereur à cette nouvelle : il me fait donner un traitement, puis le brevet de porte-arquebuse. — Berthier refuse de me rendre mon sabre ; l'Empereur me donne un des siens. — Il m'invite à envoyer mon portrait à ma mère, et promet de la faire venir à Paris. — Mes campagnes. — L'Empereur consent à mon mariage. — Campagne d'Austerlitz. — Mariage du Vice-Roi d'Italie. — L'Empereur signe à mon contrat et paye les frais de ma noce. — Son couronnement à Milan. — Je réclame l'arriéré de ma solde de Mamelouck et obtient mon congé de ce corps. — Un cadeau de l'Empereur. — Danger par lui couru à Iéna. — J'apprends à Pultusk que je suis père. — Eylau. — M. de Tournon. — L'Empereur et le maréchal Ney. — Friedland. — Entrevue de Tilsitt. — La reine de Prusse et sa coiffure « à la Roustam ». — Ma présentation au tsar Alexandre. — Fêtes de Tilsitt. — Dresde. — Mon retour à Paris dans la voiture de l'Empereur. — Surprise agréable que ma femme me ménageait.

Depuis trois années que j'étais chez

l'Empereur, je n'avais pas été payé. Je n'avais aucun traitement. Je ne demandais rien et on ne me donnait rien non plus. L'Empereur ne savait rien de tout cela. Je n'avais pas même un peu d'argent pour acheter du tabac. J'avais un châle de cachemire. J'ai préféré le vendre que de demander de l'argent à l'Empereur. Cependant, toutes mes connaissances me disaient : « On croit, dans le monde, que l'Empereur vous donne beaucoup d'argent. Il faut en demander! » Mais j'ai beaucoup connu M. Venard[1], qui était mon protecteur et mon ami, qui me prit en amitié depuis mon arrivée d'Égypte. Il n'a jamais voulu que je demande de l'argent à l'Empereur, en me disant : « Laissez-le faire, l'Empereur vous laissera jamais manquer de rien ; il faut rester comme vous êtes. » Enfin je

[1] Un des chefs de cuisine de l'Empereur.

suivis toujours ses bons conseils, et je m'en suis trouvé toujours bien.

Avec tout ça, je n'avais pas d'argent pour faire quelque petite dépense que j'avais besoin. J'ai donné mon châle à un homme qui venait quelquefois me voir, pour vendre quinze louis, mais le cochon m'a apporté dix louis, en me disant qu'il me remettra cinq autres dans trois jours. Les trois jours passent, un mois passe, pas de réponse! Je me suis présenté un jour chez lui. Il était déménagé, mais le portier me donna son adresse, qui était à côté du passage Feydeau. Je lui fais écrire plusieurs lettres. Je n'ai jamais eu aucune réponse. Un beau jour, j'ai été moi-même chez lui, que j'ai trouvé. Il me fait très-mauvaise mine, en me disant : « Je n'ai pas d'argent à vous payer : j'ai vendu votre châle quinze louis ; dix pour vous, cinq pour moi! » Je le menace de le faire mettre en prison. Il me dit :

« Je ne vous crains pas ! » Je lui dis : « C'est bon, adieu, nous nous reverrons ! »

Une personne m'a dit qu'il dînait tous les jours à la table d'hôte, à côté de la porte Saint-Martin, et j'avais bien l'adresse. Je me suis présenté, un jour, à deux heures après-midi, pour savoir s'il y était. La bourgeoise, dans son comptoir, me dit : « Vous demandez M. Antoine?[1] Il est à table. » Je lui dis : « C'est bien, je vous remercie. » Et je me suis retourné au palais des Tuileries. J'ai fait demander l'officier de grenadiers qui était de service, et que je connaissais depuis Grand Caire. Je lui demande deux grenadiers, et les mène à la maison où était à dîner M. Antoine. J'ai dit à la servante : « Dites à M. Antoine qu'il descende. Il y a une personne qui désire lui parler. » Le voilà qui descend.

[1] Ancien grec (*Note du ms.*).

Je le mis entre les mains des grenadiers, pour le faire mettre en prison, mais il a bien vu que j'avais agi sévèrement ; il me demande de le faire conduire chez lui, il me paiera tout de suite. Et je suis allé. Il m'a payé, comme nous étions convenus, et je donne douze francs aux grenadiers, pour boire la bouteille.

Un mois après, l'Empereur est venu à Paris[1] pour passer une grande parade et rester quelques jours à Paris. Comme je couchais toujours à sa porte, il me demanda un jour, à souper à minuit. J'avais son souper toujours à côté de moi ; je le servais dans son lit où il était couché avec l'Impératrice. L'Empereur me dit : « Roustam, es-tu riche ? As-tu de l'argent ? » Je lui dis : « Oui, Sire, tant que j'aurai le bonheur d'être toujours auprès de Votre

[1] Il venait de Saint-Cloud (*Note du ms.*).

Majesté, ça sera une grande fortune pour moi. » Il me dit : « Enfin, si je te demande de l'argent, pourras-tu m'en prêter? » Je lui dis : « Sire, j'ai dans ma poche douze louis. Je vous donnerai tout. — Comment, pas plus que ça! — Non, Sire. » Et il me dit : « Combien as-tu d'appointements ? — Rien, Sire. Je me plains pas ; je me trouve heureux. — Enfin, combien gagnes-tu avec moi? » Je ne voulais pas encore lui dire la vérité. Il commença à être très-mécontent contre monsieur Fischer, qui était à la tête de sa Maison. Il me dit encore : « Dis-moi donc combien tu gagnes avec moi? » Je lui dis : « Rien. J'ai rien demandé, et ils m'ont rien donné. — Comment! Depuis deux années tu n'as pas d'argent? » Je lui dis : « Je vous demande pardon, Sire. En revenant d'Égypte, j'avais un châle de cachemire ; je l'ai vendu pour avoir un peu d'argent, pour avoir du tabac et quelques petites dépenses que j'avais besoin de faire. »

Après ça, il se mit en colère tout-à-fait contre monsieur Fischer ; il me dit : « Va chercher Fischer ! [1] » Comme je ne pouvais pas quitter la porte de l'Empereur, j'ai envoyé le chercher par un garçon de garde-robe. Quand Fischer m'aperçut, il me dit : « L'Empereur est-il de bonne humeur ? Pourquoi me fait-il demander à l'heure qu'il est ? » Je lui dis : « Je ne sais rien, mais ne craignez rien ; il est de bien bonne humeur. » Et j'annonce monsieur Fischer à l'Empereur, qui le reçut assez mal. Il l'a beaucoup grondé, en lui disant : « Pourquoi Roustam n'est-il pas sur les états de ma Maison ? Je suis entouré de Français qui me servent par intérêt. Voilà un homme qui m'est bien attaché. On ne lui donne

[1] A minuit. Il logeait au château (*Note du ms.*).

pas d'appointements depuis deux années! » Et il lui dit : « Sire, je ne voulais rien faire sans ordres. » L'Empereur lui dit : « Vous êtes un imbécile; il fallait m'en prévenir; j'ai autre chose à penser qu'à ça. Allez sur-le-champ le faire mettre sur les états de mes valets de chambre! » Mais il n'a rien dit pour l'arriéré de deux années que j'avais rien reçu.

Après ça, on m'a payé 1.200 livres par an, comme tout le monde. Quelques années après, on m'a mis à 2.400 livres. On organisait la Maison de l'Empereur; on avait pris des Pages. Le contrôleur Fischer me dit : « Roustam, vous ne servirez plus l'Empereur. » Je lui dis : « Pourquoi ça? Je le sers depuis l'Égypte. Est-ce que l'Empereur est mécontent de moi? » Il me dit : « Non, on fait comme autrefois : vous donnerez les assiettes propres aux Pages qui les donneront à l'Empereur eux-mêmes, et vous recevrez les sales des mains des Pages. » Je lui répondis : « Non, je ne servirai pas de cette manière-là. Si l'Empereur me dit pourquoi je ne sers pas, alors je lui dirai ma façon de penser. » Je n'ai pas servi depuis cette époque-là, et l'Empereur ne m'en a jamais parlé.

Le prince de Neufchâtel avait présenté à l'Empereur un état pour organiser la chasse à tir, mais il manquait un porte-arquebuse. Le prince propose un homme pour porte-arquebuse, mais l'Empereur n'a pas voulu, en disant au Prince : « Cette place appartient à Roustam. Il a appris son métier chez Boutet, et il chasse toujours avec moi ; même c'est un très honnête homme. Il faut avoir des égards. » Mais je ne savais rien de tout ça. J'ai su ça que quelques jours après.

Il y avait bien longtemps que le prince de Neuchâtel m'avait promis une permission de chasse pour Saint-Germain. Je l'attendais tous les jours pour faire une grande chasse au lapin : un jour, le chasseur du Prince m'apporta une très-grande lettre de la part du Prince. Je pensais que c'était ma permission de chasse. Point du tout, c'était mon brevet de porte-arquebuse[1], que le Prince m'envoyait, avec une lettre de lui très aimable. Cette place de porte-arquebuse montait à 2.400 livres par année. Après ça, je me suis présenté sur-le-champ chez l'Empereur, pour le remercier de toutes les bontés qu'il avait pour moi : « Je ferai mon possible pour mériter les bontés de votre Majesté. »

Il me dit : « Roustam, je t'ai donné un bon sabre en Égypte, je ne le vois pas. Pourquoi tu le portes pas ? » Je lui dis : « Sire, quand nous sommes arrivés à Fré-

[1] J'étais chargé de ses armes de guerre (*Note du ms.*).

jus, le prince Berthier m'a demandé que je lui prête mon sabre et m'a dit qu'il me le rendrait à mon arrivée à Paris. Mais il ne me l'a pas encore rendu. » Il me dit : « Je ne veux plus de ça. Va le lui demander, de ma part, aujourd'hui. » Et je me suis rendu chez le Prince, et je lui ai demandé mon sabre de la part de l'Empereur. » Il me dit : « Je n'ai pas de sabre à toi. Je ne sais pas ce que tu me demandes. » Et je retourne à la maison. Je dis à l'Empereur ce que m'a dit le Prince. L'Empereur m'envoie une seconde fois. Il me dit : « Berthier veut garder ton sabre. Je ne veux pas ça. Dis-lui bien de ma part qu'il te rende ton sabre. » Et je retourne encore, le même jour. Le Prince me dit : « Comprends-tu le français ? » Je lui dis : « Oui, monseigneur. » Il me dit : « Eh bien j'ai fait un troc avec l'Empereur ; je lui ai donné un de mes sabres pour le tien. » Je lui dis : « Oui, je comprends très-bien, à présent. »

Et je conte tout ça à l'Empereur. Il me dit : « Berthier est un vilain. Ça ne fait rien. Je vais te donner un de mes sabres. » Il fait demander, à monsieur Hébert, son valet de chambre, tous ses sabres, et il m'en a choisi un assez bon, la lame et le fourreau tout en damas. Je l'ai bien remercié, et je l'ai porté tous les jours.

Quelques jours après, nous avons été passer quelques jours à la Malmaison. Un jour, à son coucher, il me dit : « Roustam, as-tu vu le maréchal Bessières ? » Je lui dis : « Non, Sire, je ne l'ai pas vu aujourd'hui. » Et il me dit : « Je lui ai donné quelque chose pour toi. » Le lendemain, le maréchal Bessières m'a remis une inscription de 500 livres de rente en perpétuel, en me disant que c'était de la part de l'Empereur.

Quand nous sommes retournés à Saint-Cloud, l'Empereur était à se promener dans l'Orangerie. Il me dit : « Eh bien, Roustam, as-tu vu Bessières ? » Je lui dis : « Oui, Sire, je vous remercie, il m'a donné un billet de 500 livres de rente. » Il me dit : « Tu ne sais pas les compter. C'est bien plus que ça. » Je dis : « Je vous demande pardon, Sire, je sais bien compter, il n'y a pas plus que 500 livres de rente. » Il me dit : « Ce n'est pas vrai. Va chercher ton billet, que je voie. » Le billet était dans ma chambre. J'ai été le chercher. Il a pris la lecture. Après ça, il me dit : « Tu as raison. » Et il me rend le billet, en me disant : « Je te fais 900 livres de rente : il me paraît que Bessières a gardé 400 livres pour lui. C'est bien mal de sa part ! » Le même jour il a fait venir le maréchal Bessières, l'a beaucoup grondé pour ça. Le maréchal a cru que j'avais parlé pour ça à l'Empereur.

Je ne le craignais pas, parce que je n'étais pas fautif. Il me dit un jour, le maréchal : « Je viens de parler à l'Empereur, et tu parleras à présent, si tu veux. » Je lui dis : « Monseigneur, je n'ai jamais parlé à l'Empereur que pour le remercier de toutes les bontés qu'il a eues pour moi ; c'est lui-même qui m'a demandé mon billet. Je vous jure ma parole d'honneur, je n'ai pas ouvert la bouche contre vous. » Trois jours après, l'Empereur me fait donner, par son secrétaire [1], 400 livres de rente. Ça me fait donc les 900 livres de rente.

Avec tout ce bonheur-là, je n'avais jamais oublié ma pauvre mère et ma sœur. Je leur ai écrit quatorze lettres, par Constantinople et Saint-Pétersbourg, et je n'ai jamais reçu la réponse.

[1] M. Méneval (*Note du ms.*).

Nous étions, un jour, à la chasse ; l'Empereur me dit : « Roustam, as-tu ton portrait? » Je lui dis ; « Oui, Sire, je l'ai fait faire par monsieur Isabey, en miniature[1]. » Et il me dit : « Le maréchal Brune va partir. aujourd'hui, pour ambassade, à Constantinople. Il faut envoyer ton portrait à ta mère. » Je n'étais pas content de ça, parce que l'Empereur m'avait promis, plusieurs fois, de faire venir ma mère.

Je dis à l'Empereur : « Sire, votre Majesté veut que j'envoie mon portrait à ma mère ; est-ce que votre Majesté la fera pas venir ? » Il me dit : « L'un n'empêche pas l'autre. Envoie toujours ton portrait et je la ferai venir après. »

Il y avait, à Paris, un marchand arménien qui voulait faire le voyage de Tarta-

[1] On a dit à tort que le portrait de Roustam se trouvait sur l'aquarelle d'Isabey représentant l'Escalier du Louvre. Le Mamelouk peint n'est pas Roustam.

rie et de Crimée pour chercher ma mère et ma sœur que j'avais laissées dans ce pays-là, mais il me demandait un passeport signé par l'Empereur et trois mille francs et une voiture. Je me suis vu obligé de m'adresser à l'Empereur pour demander son consentement. Il me dit : « Cet Arménien demande tous ces objets-là pour vendre ses marchandises. Après ça, il viendra te dire qu'il n'a pas trouvé ta mère. Comme il connaît le pays, qu'il fasse le voyage, je ne lui donnerai rien d'avance. A son retour, il t'amènera ta mère. Si elle est morte, il t'apportera un certificat du gouverneur du pays. Après ça, je lui paierai tous les frais de son voyage et dix mille francs d'indemnité. »

Et je lui dis tout ça de la part de l'Empereur. Il n'a pas voulu entreprendre le voyage. Après ça, j'ai écrit encore plusieurs lettres, et je n'ai pu recevoir de leurs nouvelles.

J'ai fait toutes les campagnes avec l'Empereur : la première campagne d'Autriche, la campagne de Prusse et de Pologne, la seconde campagne d'Autriche, et celle d'Espagne, et la campagne de Moscou et de Dresde, et celle de l'intérieur de la France, et deux voyages d'Italie, et celle de Venise, et le voyage de la Hollande, où j'ai gagné la fièvre, et où l'Empereur m'a fait donner une voiture de la Maison pour retourner à Paris.

Sept ans après mon arrivée d'Égypte, je voulais définitivement me marier avec la fille de Douville, qui était fort jolie et appartient à honnête famille, et que je connaissais depuis fort longtemps. Elle avait seize ans, j'allais la voir tous les jours, mais je n'osais pas parler de mariage. Quelques jours avant le premier voyage d'Autriche, j'ai donné un déjeuner à Douville qui était premier valet de chambre de l'Impératrice Joséphine, et à monsieur Le Peltier, que je connaissais beaucoup par Douville, qui était son ami. J'avais donné le déjeuner à ces deux personnes pour demander à Douville sa fille en mariage. Après le déjeuner, j'ai dit à Douville : « Tu as une jolie fille et je suis garçon ; si j'étais assez heureux de réussir, je demanderais en mariage. » Enfin, moi et Peltier, nous lui avons beaucoup parlé pour qu'il me refuse pas. Il m'a répondu : « Je tiens entièrement à la réputation de ma fille. Je ne peux pas dire oui, sans que l'Empereur vous donne son consentement. »

Comme nous partions pour l'Autriche, je lui 'ai demandé la permission pour écrire à sa fille, pour demander de ses nouvelles, et, à mon retour, je la ferai demander à l'Empereur. Enfin, nous nous sommes embrassés l'un et l'autre. Le même soir, Douville était de service. Je lui dis : « L'Empereur est dans sa chambre. J'ai grande envie de lui demander son agrément, avant mon départ [1]. » Douville me dit : « Oui, je ne demande pas mieux, au moins nous serons tranquilles. » Et je me suis rendu chez l'Empereur.

Il me dit : « Eh bien, Roustam ? Qu'est-ce que tu veux ? Mes armes sont-elles en bon état ? » Je lui dis : « Oui, Sire, mais j'ai une grâce à demander à Votre Majesté. » Il me dit : « Dis-moi ce que c'est. — Votre Majesté connaît le nommé Douville qui est attaché au service de l'Impératrice. Il a une fille fort jolie et jeune. Elle est fille unique. Je demande la permission de me marier. » Il me dit : « A-t-elle beaucoup *filone* [2] (c'est-à-dire beaucoup d'argent) ? » Je lui dis : « Je ne crois pas, j'ai le bon-

[1] Saint-Cloud (*Note du ms.*).

[2] Mot italien signifiant filon, mine, argent.

heur d'appartenir à votre Majesté, il me manquera jamais rien! » Et il me dit : « Mais nous allons partir dans quelques jours. Tu n'auras pas le temps. » Je lui dis : « Si votre Majesté me dit oui, eh bien, ça sera à notre retour! » Et il me dit : « Oui, je t'accorde. A mon retour, je te marierai. » J'étais donc content comme un roi; j'étais tout de suite voir Douville. Je lui ai annoncé l'heureuse nouvelle pour notre bonheur, et il était bien content. Il m'a embrassé bien sincèrement.

Le lendemain, j'ai été faire une visite à sa femme et à sa fille, qui était déjà prévenue. Ils m'ont reçu à merveille et, quelques jours après, je suis parti pour l'armée. Nous avons traversé le royaume de Wurtemberg et Bavière et arrivé à Vienne. Après ça, nous sommes partis pour Austerlitz. C'est là où on a donné la dernière bataille décisive. Trois jours après, l'Empereur Napoléon a eu une entrevue avec l'Empereur d'Autriche. Après, nous sommes partis pour Schœnbrunn, à une lieue de Vienne, un grand palais de l'Empereur d'Autriche.

Un jour, je suis allé à Vienne de bien bonne heure, avec plusieurs de mes amis, pour déjeuner ; j'ai resté dans la ville jusqu'à trois heures après midi ; j'ai rencontré une personne de la Maison qui passait à cheval ; je lui ai demandé s'il y avait quelque chose de nouveau. Il me dit : « Rien de nouveau depuis ce matin. » Je lui demande ce qu'il y a de nouveau : « Je vous prie de me le dire, car je ne sais rien, parce que je suis ici depuis ce matin. » Il me dit : « La paix est signée depuis ce matin ; il est parti déjà un service pour Munich et l'Empereur part demain au matin. » Enfin j'étais le plus heureux des hommes, pour la tranquillité de tout le monde et pour mon bonheur, car je désirais bien arriver à Paris pour mon mariage, comme l'Empereur m'avait promis.

Nous sommes arrivés à Munich, et l'Impératrice est arrivée quelques jours après, pour rejoindre l'Empereur qui attendait pour le mariage du Vice-Roi, avec la fille du Roi de Bavière. Nous avons eu, tous les jours, grand fête, et la ville illuminée tous les soirs. L'Empereur a fait plusieurs chasses à tir et à courre où j'ai chargé ses fusils. Quelques jours après, nous sommes arrivés à Wurtzbourg où on avait préparé une grande fête pour l'Empereur et l'Impératrice.

L'empereur a chassé aussi une fois, avec le roi de Wurtemberg. A la chasse, l'Empereur a fait présent d'une carabine de grand prix au roi. Comme j'étais porte-arquebuse, j'ai porté la carabine chez le roi.

Quelques jours après, nous sommes arrivés à Paris. L'Empereur m'a promis de me marier, mais le Grand Juge et l'Archevêque de Paris ne voulaient me donner la permission, en me disant que je suis pas catholique romain. Je leur disais : « Je suis géorgien ; les géorgiens sont tous chrétiens. » Il voulait pas entendre les raisons. Je suis obligé de m'adresser encore à l'Empereur, qui m'a donné une lettre pour le Grand Juge et une pour l'Archevêque de Paris.

Après ça, je suis marié un mois après mon retour de voyage. L'Empereur a eu la bonté de signer mon contrat de mariage et payer les frais de ma noce[1].

[1] M. Frédéric Masson nous a communiqué, d'après le manuscrit des comptes de la *Petite Cassette*, la note de ce que l'Empereur a donné à Roustam, de nivôse an XIII à janvier 1814 :

An XIII, 1er nivôse.—Acheté pour Roustan 500 francs de rente sur le Grand-Livre : 5.804 francs.

1806. — 12 février. — Pour le dîner de noces de Roustan : 1.344 francs.

Dans le premier voyage d'Italie, pour le couronnement de l'Empereur, on voyagait si rapidement que tout le monde était tombé de fatigue et de sommeil.

L'Empereur restait quelques jours au palais de Stupinigi, à une lieue de Turin.

L'Empereur fait plusieurs chasses du cerf. C'est moi qui chargeais toujours sa carabine.

L'Impératrice disait à l'Empereur : « Il faut rester encore ici quelques jours, parce que tout le monde est bien fatigué. » Et l'Empereur disait : « Ca sont des mous : vois Roustam. Il voyage nuit et jour avec moi, il n'est pas fatigué, il a toujours bonne mine ! »

1810. — 1er février. — Gratification de cent louis (une année de gages) : 2,000 francs.

— 31 décembre. — A Roustan : 3.000 francs.

1811. — 25 novembre. — A Roustan, gratification : 4.000 francs.

1813. — 7 janvier. — A Roustan, mameluck, gratification : 6.000 francs.

1814. — 2 janvier. — Gratification à Roustan : 6.000 francs.

Le lendemain, nous sommes partis pour Alexandrie, et nous avons parcouru à cheval le terrain de Marengo, où on avait donné la grande bataille.

Un jour après, l'Empereur a couché, à Milan, dans son palais qui était préparé pour le recevoir, et nous avons resté à peu près un mois en faisant toujours quelque petit voyage dans le royaume.

Après ça, l'Empereur s'est fait couronner roi d'Italie, et l'Empereur partit pour Fontainebleau, en passant par le Mont-Cenis et Lyon.

Nous sommes arrivés tout seuls. Toutes les voitures et tous les hommes à cheval étaient restés en arrière, et sont arrivés un jour après nous.

Je compte toujours dans les compagnies des Mameloucks qui étaient attachées dans la Garde. Comme j'étais marié, je voulais avoir mon congé absolu, mais je retardais toujours pour toucher ma paye du régiment. Je ne l'avais pas reçue depuis trois années.

J'ai écrit plusieurs fois à monsieur Mérat[1], maréchal des logis des Mameloucks; je n'ai jamais reçu la réponse. La quatrième que je lui écris, je lui ai marqué que, s'il ne veut pas me payer ce qu'il me devait, je me ferais payer par l'Empereur. Il me paraît qu'il a eu peur, car il a fait voir ma dernière à son colonel.

Il m'a écrit une très-honnête, mais, au bas de la lettre, le colonel avait écrit quelques lignes en me disant : « Un inférieur doit obéir à son supérieur. J'écrirai à l'Empereur. » Je lui ai fait la réponse : « Quand il voudra écrire à l'Empereur, qu'il m'envoie sa lettre ; je la remetterai à

[1] Pierre Mérat, né à Versailles le 29 juillet 1776, entré au service en 1793. Maréchal des logis chef, puis lieutenant en second, porte-étendard de la compagnie des Mameloucks. Légionnaire.

l'Empereur, comme je suis auprès de lui, la nuit et le jour. »

Je n'ai pas reçu la réponse.

Quelques jours après, monsieur Mérat, maréchal-des-logis, vient, à Saint-Cloud, chez moi, le matin à neuf heures, en bourgeois. Il était assis à côté de moi ; il commence la conversation en me disant : « J'ai reçu une lettre de vous. Il m'a paru bien dur de la manière qu'elle était écrite. » Je lui dis : « Très-possible ; je suis fâché de cela, vous savez bien que voilà la quatrième lettre que je vous ai écrite. Si vous aviez pris la peine de me faire la réponse à la troisième, vous n'auriez pas trouvé la quatrième aussi dure. J'ai reçu une lettre de vous, il y a quelques jours, où monsieur Delattre[1] me menaçait, en me disant : « Un inférieur doit obéissance à son supérieur! »

[1] Le baron Delattre, chef d'escadrons, commandant la compagnie de Mameloucks en 1807.

Vous croyez donc que je crains ses menaces? Non! non! Il faut pas qu'il mette ça dans sa tête; j'ai rien à faire avec lui. L'Empereur est mon chef, je n'en connais pas d'autre. Dorénavant, s'il m'écrit des lettres menaçantes, je dirai à l'Empereur ce que je pense de lui et vous, monsieur Mérat. Depuis trois années, je vous ai rien demandé: pourquoi me paieriez-vous pas ma solde de Mamelouck? »

Il me dit: « Parce que j'ai été nommé officier et j'ai dépensé votre argent pour acheter des chevaux. » Je lui dis: « Ce n'est pas pour me payer, mais ce n'est pas honnête de votre part de n'avoir pas fait la réponse de plusieurs lettres que je vous ai écrites! »

Ma femme, qui était à côté de moi, voulait changer la conversation, pour que nous ne parlions pas d'affaires aussi disputantes. Je lui dis avec regret qu'il faut pas qu'elle se mêle d'une affaire qu'elle ne connaissait pas, et elle entra dans sa chambre, et je dis à Mérat : « Par quel droit que vous gardez les soldes des Mameloucks depuis si longtemps ? Vous êtes chez moi, à présent, vous ne sortirez de la maison sans me payer ce que vous me devez, sans cela je vous ferai arrêter par la Garde et je parlerai au maréchal Bessières (qui servait auprès de l'Empereur). » Il me dit : « Hé bien, j'ai trois cents francs. Ça vous paye aujourd'hui ; le reste, je vous le payerai quand j'aurai de l'argent. » Je lui dis : « Je ne veux pas ça. Je prendrai les trois cents francs en compte, et vous allez me faire, sur le compte, un billet de votre main, sur le quartier-maître des Chasseurs de la Garde, payable cent francs par mois, à Monsieur ou à Madame Roustam, jusqu'à ce que les payements soient finis. »

Et j'ai reçu le tout, et j'ai demandé au

maréchal Bessières mon congé absolu, qu'il m'a donné, et j'ai fait signer par les maréchaux et les généraux de la Garde et les colonels. Ma femme était enchantée que j'aie demandé mon congé, parce que je n'avais plus rien à faire avec le corps des Mamelouсks.

La même année, le dey d'Alger envoya plusieurs chevaux à l'Empereur, avec une paire de pistolets et une canardière toute enrichie de corail taillé, qui était dans la chambre de l'Empereur. Je voulais la remettre avec les autres dans son cabinet, mais monsieur Hébert, son premier valet de chambre, me dit : « Il faut pas entrer dans sa chambre sans prévenir l'Empereur ! »

Le même jour, en conduisant l'Empereur dans son cabinet, il passe dans sa chambre ; je lui dis :

« Sire, si votre Majesté veut, je remettrai

les armes qui sont ici dans le cabinet de votre Majesté, avec les autres. » Il me dit : « Voyons, montre-les moi. » Il examine bien le fusil, et il me dit : « Tiens, je te le donne, et les pistolets aussi, car ils sont pareils. Porte ça dans ta chambre. »

Ma femme était grosse de sept mois quand je suis parti pour la campagne de Prusse et de Pologne, qui a duré onze mois.

La première grande bataille a été donnée à Iéna, et toute l'armée prussienne, en quelques jours de temps, était détruite, mais avant la bataille, dans la nuit, l'Empereur voulait lui-même visiter les avant-postes, accompagné de deux maréchaux, le prince Borghèse, le maréchal Duroc, et moi qui le quittais jamais.

L'Empereur a visité l'aile gauche de l'armée, et il voulait passer par le devant des factionnaires pour aller visiter la droite.

Un moment, nous étions arrivés tout-à-fait au bout, voilà que l'on fait un feu de file sur l'Empereur. On croyait que nous étions les ennemis. Nous avons tous cerné l'Empereur de tous les côtés, pour que les balles touchent pas à l'Empereur, et nous avons crié : « Cessez le feu, nous sommes Français ! » Enfin, on fait cesser le feu, et nous sommes rentrés dans les rangs, sans avoir aucun danger.

L'Empereur a couché, dans la nuit, sur un plateau. Je lui ai donné un mouchoir pour mettre sur sa tête, et son manteau que j'avais toujours avec moi. J'ai arrangé un lit de paille dans sa baraque, et je l'ai couvert avec son manteau.

Et la bataille était commencée à sept heures du matin. Il faisait un brouillard très épais. On voyait pas clair, mais, vers les dix heures, nous avons eu un temps charmant.

Le jour de la bataille, l'Empereur a

couché à Iéna même. Le lendemain, il a fait renvoyer tous les prisonniers chez eux, en leur disant : « Je ne fais pas la guerre contre les Saxons! » Et les Prussiens renvoyés dans l'intérieur de la France.

Quelques jours après, l'Empereur fait son entrée à Berlin, à la tête de toute sa Garde, et descendu au palais du Roi.

Après, nous sommes partis pour Varsovie, en passant par Posen.

Après avoir resté quelque temps à Varsovie, nous sommes partis pour Pultusk, où on a encore donné une bataille contre les Russes, que nous avons gagnée, et beaucoup de prisonniers et du canon.

Il faisait un temps affreux ; tous les soldats se plaignaient du froid, mais pas autant qu'en Russie. C'est là que j'ai reçu une lettre de ma belle-mère. Elle m'annonçait l'accouchement de ma femme d'un garçon. Je pleurais de joie, j'étais content comme un roi d'avoir un garçon.

Le même jour, j'ai prévenu l'Empereur que ma femme était accouchée d'un garçon. Il me dit : « C'est bien, j'ai un Mamelouck de plus : il te remplacera, je l'espère ! »

Et nous sommes partis pour Eylau, en Prusse, que nous avons eu encore une bataille, et nous avons gagné. Et nous avons pris vingt-cinq pièces de canon, pas beaucoup de prisonniers, mais beaucoup de morts. Les blessés qui se trouvaient sur le champ de bataille étaient cachés par la quantité de neige. On leur voyait que leurs têtes.

J'avais toujours des provisions, les jours de bataille. J'avais avec moi une bouteille d'eau-de-vie : j'ai distribué moi-même aux blessés, pour donner un peu de force dans la neige.

Moi-même, le jour de la bataille d'Eylau, je manquai d'être gelé ; je ne le fus pas, grâce à M. Bongars[1], aide de camp du prince de Neuchâtel. Il y avait plusieurs jours que j'avais dormi. Je tenais mon cheval par la bride, et j'étais caché, la moitié de mon corps dans la neige, et je me suis endormi par le bruit des canons tirés aussi souvent. M. Bongars m'a aperçu. Il vient à moi en me disant : « Malheureux, qu'est-ce que vous faites là ? Vous allez être gelé. Il faut pas dormir ! » Le même instant, l'Empereur monte à cheval. Je me suis trouvé tout-à-fait derrière l'Empereur, et M. Tourneur[2], qui était chambellan de l'Empereur, était à cheval derrière moi. Il n'osait pas trop avancer, parce que les boulets de canon tombaient, à côté de

[1] Joseph-Barthélemy Clair, baron de Bongars (1762-1833), colonel en 1812, était lieutenant de la vénerie en 1805, sous les ordres de Murat, Grand Veneur.

[2] Sans doute possible, il s'agit de M. de Tournon, chambellan et officier d'ordonnance de l'Empereur, membre de la Légion d'honneur le 14 février 1807.

nous, comme de la grêle ; il tourmente exprès son cheval, et il tombe sur la neige, comme s'il était sur un matelas, et il me dit : « Je vous en prie, M. Roustam, je ne peux pas monter à cheval. Je vas retourner au quartier général. Je vous prie de dire à l'Empereur que j'ai reçu une chute de cheval, et je ne peux suivre. »

Tout le monde qui était là riait de bon cœur. L'Empereur ne m'en a pas parlé, je n'ai rien dit non plus.

Et nous sommes partis, quelques jours après la bataille, pour Osterode, pour faire prendre des cantonnements à l'armée.

Nous avons resté à Osterode quelques jours.

L'Empereur, un soir, a joué aux cartes avec le prince de Neuchâtel, maréchal Duroc et plusieurs autres personnes. Il a gagné un peu d'argent ; il a eu la bonté de me faire demander et m'a remis 500 francs de son gain en me disant : « Tiens, voilà pour toi ! »

Après ça, l'Empereur a pris son quartier général à Finkenstein, que nous avons resté jusqu'au printemps. Dans cet intervalle, j'ai fait plusieurs voyages avec l'Empereur, de Dantzig, Marienverder, Marienbourg.

On parlait beaucoup de la paix. J'étais bien content de cela, pour avoir le bonheur de voir ma femme et mon fils. Près de dix mois que je l'avais vue, mais je recevais leurs nouvelles, presque tous les jours, par les estafettes de l'Empereur, bien exactement : ça me consolait un peu, car c'était trop de d'être privé ma famille depuis dix mois.

Un jour, vient arriver un aide de camp de maréchal Ney, prévenir l'Empereur que les Russes ont attaqué le corps de maréchal Ney avec quarante mille hommes, et le maréchal a battu en retraite pendant quinze lieues, sans perdre une pièce de canon, ni aucun soldat.

En deux jours de temps, l'Empereur fait réunir son armée et partit lui-même pour commander en chef, comme tous les jours.

L'Empereur part pour le quartier général de maréchal Ney, il était arrivé à onze heures du soir. Il a reçu le maréchal, il lui a dit, en riant : « Comment, monsieur le maréchal Ney, vous avez laissé vous battre par les Russes ? » Le maréchal lui dit : « Sire, je vous jure sur ma parole d'honneur, ce n'est pas ma faute. Ils m'ont attaqué, que je ne m'y attendais pas, même avec grande force, et moi, j'avais, dans ce moment-là, bien peu de monde ! »

Je voyais que les larmes roulaient dans les yeux de maréchal. Il n'était pas trop content d'avoir battu en retraite.

L'Empereur disait au maréchal Ney, en

soupant avec : « C'est rien, ça ; nous réparerons cette faute-là ! »

Le lendemain, nous avons commencé, dans tous les poinls, d'attaquer l'ennemi et poursuivre jusqu'à Friedland, en passant par Eylau, que nous avions donné une grande bataille dans l'hiver.

C'est le prince Murat qui commande toute la cavalerie de l'armée, même il avait le titre de lieutenant de l'Empereur.

En arrivant à Friedland, nous avons trouvé toute l'armée russe en bataille, devant une rivière assez forte.

Le lendemain, l'Empereur fait attaquer par les tirailleurs, et la force de l'armée était cachée dans les bois.

En attendant, pour faire connaître les forces de l'ennemi, et après avoir fait bien engager dans tous les points, on a tiraillé, depuis sept heures du matin, jusqu'à trois heures après midi.

Après que l'Empereur a vu que l'ennemi tenait ferme, il fait engager dans tous les points, comme il désirait. Il fait venir, au même moment, le maréchal Ney, il lui ordonne qu'il prenne cette division et qu'il marche, au pas de charge, sur le pont qui se trouvait derrière la ville, et les deux autres divisions soutiendront par la droite.

Le maréchal dit à l'Empereur : « Oui, Sire, je vais exécuter les ordres de Votre Majesté, et Elle sera satisfaite, je l'espère. »

Il prend sa division et marcha directement sur le pont, en traversant dans la ville. Il a arrivé à son but et fait mettre le feu au pont.

Voilà donc l'armée de l'ennemi coupée en deux. Celle de la droite était presque détruite par le maréchal Ney.

Quand lui était avec une division sur le pont, les deux autres divisions étaient sur la droite. Il fait marcher au pas de charge, en face de la rivière. L'ennemi voulait passer le pont, mais il était déjà coupé. Il voulait, après, passer à la nage. Plus des trois quarts étaient noyés, en laissant, en grande partie, leurs canons et les bagages.

La victoire était tout-à-fait en notre pouvoir. Au même instant, l'Empereur fait venir encore le maréchal Ney, l'embrasse au bras le corps, en lui disant : « C'est bien, monsieur le maréchal ; je suis fort content ; vous nous avez gagné la bataille ! » Le maréchal dit : « Sire, nous sommes Français, nous gagnerons toujours ! [1] »

[1] Ce jour, pendant que l'Empereur consultait sa carte avec Mirza, mamelouck de Bessières, je m'éloigne pour manger de l'oseille sauvage, un boulet ricoche et manque me tuer (*Note du ms.*).

On trouvera deux Mirza, dans la liste générale des Mameloucks, publiée dans nos Appendices : l'un, Mirza, dit le grand, était mort depuis 1805, et l'autre, Daniel Mirza, dit le petit, ancien Janissaire, brigadier en 1805, décoré en 1806, maréchal des logis en 1807,

Le soir, l'Empereur a fait établir son quartier général dans la ville de Friedland ; le lendemain, l'Empereur a visité le champ de bataille et partit, le même jour, pour rejoindre le prince Murat, qui était aux avant-postes, à deux lieues de Tilsitt.

L'Empereur a couché aux avant-postes, dans une ferme.

Le lendemain, le prince Murat fait dire à l'Empereur que les ennemis étaient en bataille, au-devant de nous, avec cinq et six mille Kalmoucks et Baskirs, avec leurs flèches. L'Empereur dit : « Ce n'est rien. » Il fait donner ses ordres à une division de cuirassiers qu'il fait mettre leurs manteaux pour cacher leurs cuirasses. Les flèches mordront pas sur la cuirasse. Et il les fait marcher, sur-le-champ, à l'ennemi, com-

était lieutenant depuis 1811. Mais peut-être fût-il officier d'ordonnance de Bessières.

mandés par le prince Murat. Il fait charger et fait disperser de tous les côtés, et poursuivre jusqu'à Tilsitt, où nous avons trouvé le pont brûlé par l'ennemi. On chercha à rétablir le pont.

Il vient d'arriver un prince russe auprès de l'Empereur Napoléon pour demander la paix. L'Empereur l'a bien reçu, mais il n'a pas voulu faire les arrangements avec lui, en lui disant : « Je veux faire mes arrangements avec l'Empereur de Russie, et non pas avec d'autres. »

Ce prince est parti, le même jour, pour auprès de l'empereur de la Russie, et nous sommes couchés dans le faubourg de Tilsitt.

Le lendemain, on a fait préparer une maison dans la ville, pour l'Empereur.

Les deux armées française et russe étaient séparées par le Niémen. Tout était fort tranquille. L'Empereur fait faire un grand radeau sur le Niémen, embelli par des guirlandes de fleurs, pour recevoir l'Empereur de Russie. Ils se sont rendus, chacun de leur côté, dans le radeau.

Au moment que les Empereurs sont embarqués sur les petits bateaux, pour aller rejoindre l'un l'autre, on a tiré beaucoup de canons en criant, répété plusieurs fois : « Vive l'Empereur Napoléon ! »

Le lendemain, à midi, l'empereur de Russie était arrivé dans la ville. On avait préparé une maison pour lui. L'empereur Napoléon avait envoyé un bon cheval arabe au bord du Niémen, pour que l'empereur de Russie monte, et nous avons tous monté à cheval pour aller au-devant de lui.

Toute la Garde à cheval et à pied était sur les armes, dans une grande rue où étaient logés les deux Empereurs.

L'Empereur de Russie monte à cheval,

au bord du Niémen, avec l'Empereur des Français, et l'Empereur de Russie trouva toute la Garde magnifique.

L'Empereur des Français montrait à l'Empereur de Russie : « Voilà mes grenadiers à cheval. Voilà mes chasseurs. Voilà mes dragons », enfin tout.

Quand nous sommes arrivés en face de la maison qui était destinée pour l'Empereur de Russie, l'Empereur des Français lui dit : « Voilà la maison de Votre Majesté. « Mais l'Empereur de Russie lui dit : « Sire, permettez-moi que je parcourre jusqu'au bout de la rue, pour voir toute la Garde, que je trouve superbe! » Et ils ont été jusqu'au bout de la grand'rue, et sont retournés à la maison qui était préparée pour l'Empereur des Français, et ont dîné ensemble.

Deux jours après, le Roi et la Reine de Prusse sont venus aussi à Tilsitt ; ils étaient logés dans la maison d'un meunier, et venaient tous deux, tous les jours, chez l'Empereur des Français et l'empereur de Russie, pour dîner avec l'empereur Napoléon.

Un jour, à dîner, l'empereur Napoléon disait au roi de Prusse : « N'est-ce pas, monsieur le Roi de Prusse, Votre Majesté n'aime pas la guerre, car Votre Majesté n'est pas heureuse dans la campagne qu'elle vient de faire ? » Le roi de Prusse lui répond : « Oui, Sire, Votre Majesté le sait mieux que moi ! » sa tête toujours baissée.

La reine de Prusse venait, très-souvent, faire des visites à l'empereur Napoléon.

Un jour elle était coiffée à la grecque, l'Empereur lui dit : « Votre Majesté est coiffée à la Turque. ». Elle dit : « Je vous demande pardon, Sire, je suis coiffée à la Roustam ! » En me regardant, moi étant auprès de l'Empereur.

Quand l'Empereur était à Tilsitt, on a présenté la reine de Prusse à l'Empereur, qui l'a reçue dans un petit salon. Sa visite resta une heure. En sortant de chez l'Empereur, elle avait beaucoup pleuré, car son visage était tout mouillé et ses yeux gros. Tout de suite après, on annonce à l'Empereur que le dîner était servi. Alors l'Empereur sortit de son cabinet, il trouve le prince de Neuchâtel dans la salle à manger. Il dit : « Eh bien, Berthier, la belle reine de Prusse pleure joliment ; elle croit que je suis venu jusqu'ici pour ses beaux yeux ! »

Le lendemain, l'Empereur Alexandre, le roi et la reine de Prusse, le grand-duc Constantin sont venus dîner avec l'empereur Napoléon, et moi j'étais à côté de l'Empereur pour le servir. La reine de Prusse et l'empereur Alexandre me regardaient beaucoup. Napoléon dit à Alexandre : « Sire, Roustam était un de vos sujets! » Il lui répond : « Comment, Sire? — Oui, parce qu'il est de la Géorgie ; comme la Géorgie appartient à Votre Majesté, alors c'est un de vos sujets. » Après ça, Alexandre me regardait en souriant.

Tout le temps que nous sommes restés à Tilsitt, nous étions toujours en fête. L'empereur Napoléon et de Russie ont passé, tous les jours, les corps d'armée français en revue, et toute la Garde, qui était bien nombreuse. Ça montait à peu près à cent quarante mille hommes, tous vieux soldats.

Les deux Empereurs ont donné le bras l'un à l'autre et se sont promenés, tous les soirs, dans les rues, tout seuls.

Quelques jours après, la Garde de l'Empereur a donné un grand dîner champêtre à la Garde de l'Empereur de Russie. On a fait venir, de Varsovie, de Dantzig et

Elbing, toutes les provisions nécessaires, surtout beaucoup de vin. Les tables étaient dressées dans toutes les promenades de la ville.

Au moment de dîner, le premier toast a été porté à la santé de l'Empereur de Russie. Au moment du repas, on a tiré au moins six cents coups de canon. Après dîner, toutes les troupes françaises et russes étaient bien en train, les trois quarts ont été saouls, les Français avec un habit russe, les Russes avec un habit ou un bonnet français. Tout le temps après le repas, ils ont dansé alentour de la ville, et sont venus tous, pêle-mêle, passer en face de la fenêtre de l'Empereur des Français. On criait : « Vivent les Empereurs ! »

Un grenadier russe avait un peu trop bu ; il pouvait pas marcher droit ; il tombait en marchant. Un grenadier français le ramassa par le bras, en lui disant :

« B...,e..., veux-tu marcher comme nous ! » en lui donnant un coup de pied au derrière. Tout le monde riait comme des bienheureux à entendre la conversation de ces deux grenadiers.

Quelques jours après, l'Empereur s'habillait, le matin. La croix de la Légion n'était pas bien attachée après son habit ; je voulais l'attacher. Il me dit : « Laissez, je fais exprès. »

Après ça, nous montons à cheval pour aller faire une visite à l'Empereur de Russie. En sortant de chez l'Empereur de Russie, il a vu, à la porte, une compagnie de grenadiers en bataille. L'Empereur des Français dit à l'Empereur de Russie : « Sire, je demande l'agrément de Votre Majesté, de présenter ma croix à un de vos premiers grenadiers. » Il lui dit : « Oui Sire, il sera trop heureux. »

On fait avancer le plus vieux. L'Empereur ôte sa croix, qui n'était pas bien attachée, et la donna au grenadier, qui était bien content. Il a baisé la main de l'Empereur et au coin de son habit, et tout le monde répétait : « Vive le grand Napoléon ! » et nous sommes retournés à la maison.

Le lendemain, nous sommes partis pour Dresde, en passant par Posen et Glogau, et nous sommes arrivés à Dresde.

Le roi de Saxe est venu au-devant de l'Empereur pour le recevoir. L'Empereur a resté à Dresde, pendant cinq jours, toujours au milieu des fêtes.

Dans cet intervalle, on avait préparé le service de la Maison pour le départ de l'Empereur pour Paris. Chaque personne avait sa place désignée pour le départ. Pour moi, je voyais aucune place, car j'avais fait toutes les campagnes à cheval auprès de l'Empereur. Je demande, au

Grand Ecuyer[1] avec quelles personnes je voyage. Il me dit : « L'Empereur veut que tu sois avec lui, et j'irai au-devant de sa voiture. (On avait fait un petit cabriolet exprès pour moi.) Si l'Empereur te donne la permission, j'ai une place pour toi dans une berline. »

Le même jour, je me suis adressé à l'Empereur, en lui demandant comment je voyagerais. Il me dit : « Avec moi, dans le cabriolet de ma voiture. » Je lui dis : « Sire, je suis trop fatigué, j'ai fait toutes les campagnes à cheval ; d'ici à Paris c'est trop loin. Je pourrais jamais résister à la fatigue ! » Il me dit : « Comment veux-tu aller ? Ta place est à côté de moi et me jamais quitter. Eh bien ! quand tu seras bien fatigué, tu prendras une voiture de poste que l'on trouve dans chaque relais. »

[1] Armand-Augustin-Louis, marquis de Caulaincourt, duc de Vicence (1772-1827), général de division depuis 1805, Grand Ecuyer de l'Empereur.

Nous sommes partis, sur le lendemain, pour Paris. Je désirais bien arriver pour voir ma femme que j'étais privé de voir depuis onze mois, et mon fils de sept mois.

Nous avons mis cinq jours pour venir de Dresde à Saint-Cloud, la nuit et le jour.

Le cinquième jour, à sept heures du matin, nous traversions dans le bois de Boulogne, l'Empereur me dit : « Regarde donc, Roustam, voilà ta femme ! Comment! Tu ne vois pas? » Je voyais bien que l'Empereur me disait ça pour plaisanter. Je regardais de tous les côtés, je ne voyais personne. Je lui dis : « Je vous demande pardon, Sire, ma femme est encore dans son lit, avec son gros fils ! »

On avait fait, à la tête du pont de Saint-Cloud, un arc de triomphe, pour l'arrivée de l'Empereur. Mais, arrivé tout seul, il allait si vite qu'on n'a pas eu le temps d'ôter la barrière. L'Empereur a passé à côté. Enfin, nous sommes arrivés au palais de Saint-Cloud.

Tout le monde dormait encore ; l'Empereur se précipita de sa voiture, et monta les escaliers quatre à quatre, et entra chez l'Impératrice. Et moi, je n'ai pas eu d'autre bonheur que de monter, sur le-champ, chez moi, où j'ai trouvé ma femme dont j'ai reçu les caresses et la tendresse la plus sincère, et dont j'étais privé depuis onze mois.

Le lendemain, je voulais aller voir mon fils, en nourrice au Mesnil, près de Saint-Germain-en-Laye. Ma femme me dit : « Non, mon ami, tu es trop fatigué de ton voyage. Tu iras le voir demain », parce qu'elle voulait me faire une surprise.

Deux jours avant mon arrivée, ma femme a fait venir mon fils, avec sa nourrice, chez un de mes amis, nommé Le Peltier, qui demeurait à la Porte Jaune, près Saint-Cloud.

Le lendemain de mon arrivée, ma femme me dit : « Madame Peltier est malade, nous allons lui faire une visite. » Quand nous sommes arrivés chez elle, elle était bien portante comme nous, et nous avons été nous asseoir à l'ombre des marronniers, et on a fait passer la nourrice et mon fils à côté de moi.

Je regarde ce petit si gentil. Je dis à ma femme : « Ah mon Dieu ! Voilà un bel enfant ! Comme il est joli ! » Je regarde bien sur sa figure, je dis à ma femme : « Je parie que c'est mon fils ! Il a tout à fait ma figure et mes yeux. »

Voilà donc que tout le monde commence à rire, et je prends l'enfant, je le serre contre mon cœur. C'est dans ce moment-là que j'ai vu que ma femme avait préparé une surprise agréable.

IV

Corvisart et l'Empereur ; la canne de Jean-Jacques Rousseau. — Bourrienne jugé par Napoléon. — Sa tendresse pour le roi de Rome. — Sa sévérité pour le général Guyot. — Napoléon intime. — Je fais pensionner le piqueur Lavigne. — Le docteur Lanefranque. — Corvisart à Schœnbrunn. — Les pistolets de l'Empereur. — Son voyage à Venise ; passage du Mont-Cenis. — Il décachette les lettres de ma femme : avantage que son indiscrétion me procure. — Les cygnes de la Malmaison. — Je manque me noyer dans l'étang de Saint-Cucufa. — Le jeu de l'Empereur. — Napoléon à Fontainebleau. — Bruits de suicide. — Les diamants de la couronne. — Pourquoi je n'ai pas été à l'île d'Elbe. — Je pars pour Dreux. — Anecdotes : Naissance du Roi de Rome. — L'Empereur et mon fils. — Mon service de nuit chez l'Empereur. — Bienveillance de Joséphine à mon égard. — Je lui dois de figurer dans le cortège du Couronnement. — L'Empereur et son bottier. — Campagne de Russie : Smorgoni. — Compranoï. — Vilna. — Kovno. — Varsovie — Posen. — Mon visage gelé. — Dresde. — Erfurt. — Mayence. — Le factionnaire des Tuileries. — Une consultation du docteur Corvisart.

Monsieur Corvisart[1] assistait, tous les deux ou trois jours, à la toilette de Sa Majesté. Un jour, on annonce M. Corvisart; il dit qu'il entre : « Vous voilà, grand charlatan ! Avez-vous tué beaucoup de monde, aujourd'hui ? — Pas beaucoup, Sire. »

Sa Majesté : « Corvisart, je ne vivrai pas longtemps; je me sens plus faible qu'il y a cinq ou six ans ! » Il disait ça en riant. Corvisart dit : « Sire, est-ce que je ne suis pas là pour vous en empêcher ? » Sa Majesté lui tire les oreilles en riant : « Vous croyez ça, Corvisart ? Je vous enterrerai ? » Corvisart dit : « Je crois bien, Sire, moi et bien d'autres ! » Sa Majesté dit, en souriant : « Taisez-vous, charlatan ! Qu'est-ce que vous tenez à la main ? — C'est ma canne, Sire. » Sa Majesté : « C'est bien vilain ! Elle n'est pas jolie ; comment un

[1] Après Wagram (*Note du ms.*).

homme comme vous peut-il porter un vilain bâton comme ça? » Corvisart dit : « Sire, cette canne-là, elle me coûte fort cher, et je l'ai eue très-bon marché. » Sa Majesté : « Voyons, Corvisart, combien vous a-t-elle coûté? — Quinze cents francs, Sire! Ce n'est pas cher. » Sa Majesté dit : « Ah mon Dieu! Quinze cents francs! Montrez-le moi, ce vilain bâton-là! »

Sa Majesté visite la canne en petit détail; il aperçoit le portrait, en médaille dorée, de Jean-Jacques Rousseau, sur la pomme de la canne : « Dites-moi, Corvisart, c'est la canne de Jean-Jacques ? Où l'avez-vous trouvée? Sans doute c'est un de vos clients qui vous a fait ce présent-là? Ma foi, c'est un joli souvenir que vous avez! » Corvisart dit : « Pardonnez-moi, Sire, elle m'a coûté quinze cents francs! » Sa Majesté : « Au fait, Corvisart, ce n'est pas payé son prix, car c'était un grand homme, c'est-à-dire un grand charlatan comme Corvisart! » Corvisart riait en écoutant. Sa Majesté dit : « Au fait, Corvisart, c'était un grand homme en son genre. Il a fait de belles choses. » Après ça, il tire les oreilles de M. Corvisart, en lui disant : « Corvisart, vous voulez singer Jean-Jacques! »

Après ça, Sa Majesté dit : « Corvisart, y a-t-il beaucoup de malades dans Paris ? » Il répond : « Mais, Sire, pas de trop. » Sa Majesté dit : « Voyons, Corvisart, combien d'argent vous avez gagné, hier, dans la matinée? — Mais, Sire, je n'ai pas compté ! — Vous avez gagné, au moins, deux cents francs ? — Pas autant, Sire. — Mais, Corvisart, vous ne recevez pas à moins de vingt francs par visite ! » Il dit : « Pardonnez-moi, Sire, je n'ai pas un prix fixe ; je recevais jusqu'à trois francs. » Sa Majesté dit : « A la bonne heure ! Vous êtes humain ! »

Dans ce moment-là, Sa Majesté s'habillait pour aller chasser au tiré, dans la forêt de Saint-Germain, Sa Majesté dit : « Corvisart, aurai-je beau temps pour ma chasse?» Corvisart dit : Oui, Sire, il fait un temps superbe. — Êtes-vous chasseur, Corvisart ? — Oui, Sire, je chasse quelquefois. » Sa Majesté : « Et puis vous laissez mourir vos malades ! » Sa Majesté : « Où chassez-vous, Corvisart? — Sire, je chasse à Chatou, chez le duc de Montebello. » Sa Majesté : « Corvisart, je veux que vous veniez chasser avec moi ; je veux savoir si vous tirez bien. » Corvisart : « Sire, c'est un grand honneur pour moi. Je n'ai pas mes fusils. » Sa Majesté : « On vous donnera mes fusils... Entends-tu Roustam? » Corvisart : « Sire, je ne pourrai pas me servir des fusils de Votre Majesté. — Pourquoi ça, charlatan? — Parce que je suis gaucher. » Sa Majesté : « Ca ne fait rien, je veux que vous veniez, ce serait trop tard pour faire venir vos fusils. » Corvisart monte dans la voiture du Grand Écuyer et partit pour Saint-Germain. C'est la seule fois que M. Corvisart a chassé avec Sa Majesté.

M. Corvisart assistait souvent à la toilette de l'Empereur. Un jour, dans leur conversation, on parlait de M. Bourrienne. L'Empereur disait : « Je parie, Corvisart, que je ferais renfermer Bourrienne, seul, dans le jardin des Tuileries, il trouverait de l'argent [1]; c'est un homme très-fin ! »

Les appartements des Tuileries, qui étaient occupés par l'Empereur, sa chambre à coucher donnait sur le jardin. Un jour, l'Empereur faisait sa toilette. On annonce le petit Napoléon. Il dit qu'il entre. Il le prend

[1] Il finirait par y trouver une mine (*Note du ms.*)

dans ses bras; il l'embrasse beaucoup. Il était entre les deux fenêtres. Il lui montre le jardin, et l'Empereur lui dit : « A qui ce jardin-là? » Il lui répond : « A mon oncle ! » Après ça, il lui tire les oreilles en lui disant : « Après moi, ça sera pour toi. J'espère que tu auras un bon héritage ! »

Dans la campagne de Dresde, un jour l'Empereur causait avec M. Maret, pour les affaires du roi de Bavière; il dit à M. le duc de Bassano : « Quand nous serons à Munich, je ne laisserai pas deux pierres l'une sur l'autre ! »

Le général Giot[1], qui commande une division de cavalerie de la Garde, avec une batterie d'artillerie légère, un jour avant

[1] Il s'agit évidemment du général Guyot; mais l'anecdote est en contradiction avec ses états de services qui sont des plus brillants. Claude-Etienne Guyot (1768-1837) fut créé comte en 1813.

bataille de Montereau, fut surpris par les ennemis et a perdu plusieurs canons. Quelques heures après, l'Empereur a su que la division du général Giot vient de perdre ses canons. Alors l'Empereur fait venir le général Giot auprès de lui, qui était près de la grande route qui conduisait à Montereau. L'Empereur était au milieu de son État-Major, quand il aperçut le général. Il était furieux contre lui, en lui disant : « Monsieur le général, je vous avais confié mon canon, qu'en avez-vous fait ? Faites violer votre femme, je m'en fous, et non pas faire prendre mes canons ! » En jetant son chapeau par terre, au milieu de tout le monde. Le général voulait lui dire que ce n'était pas sa faute, mais l'Empereur lui dit d'un ton très-dur : « Taisez-vous, monsieur, vous êtes un lâche ! »

L'Empereur avait les mains, les pieds

très-petits et très-bien faits : je suis sûr que les plus jolies femmes de Paris n'en ont pas comme ceux de l'Empereur. Tout son corps était fait à peindre. Il prenait un bain presque tous les jours. Il changeait souvent deux chemises par jour, il portait, tous les jours, un habit de chasseur de la Garde, quelquefois un habit de grenadier, mais pour les cérémonies, ou quand il passait ses troupes en revue.

Toilette qu'il mettait tous les jours, soit à Paris ou en voyage : une paire de chaussettes, bottes de soie, caleçon de toile, gilet de flanelle, chemise de toile de Hollande, culotte de cuisinier blanche, gilet pareil, une cravate de mousseline claire, un col de soie noire. Son habit de chasseur, ou grenadier, comme je l'ai dit. En voyage, il mettait rarement des souliers. Il se mettait toujours en bottes. Quand il habitait ses palais, il était très-souvent en souliers et boucles d'or: il ne mettait ses bottes que pour la chasse.

Lavigne était le plus ancien piqueur de l'Empereur, père de famille de neuf enfants. On l'avait mis à la pension de six cents; ce n'était pas assez seulement pour avoir du pain pour dix personnes. Comme je connaissais Lavigne (même j'ai tenu un de ses enfants aux fonts de baptème), je lui demandai une pétition pour Sa Majesté, pour faire donner quelques secours par Sa Majesté. Je faisais ça d'après mon cœur, je ne pensais pas que ça aurait causé quelque désagrément à monsieur Caulaincourt, Grand écuyer. J'ai eu la pétition dans notre voyage de Compiègne.

Un matin, à la toilette de Sa Majesté, j'ai remis la pétition à l'Empereur, et je supplie Sa Majesté qu'il fasse quelque chose pour ce pauvre Lavigne. L'Empereur a lu la pétition ; il me dit : « Roustam, va chercher Caulaincourt », qui était dans le salon avec les grands officiers qui attendaient le lever de Sa Majesté. Alors, j'annonce M. Caulaincourt à l'Empereur. Il me dit qu'il entre. Dans ce moment-là Sa Majesté était en mauvaise humeur. Il dit : « Caulaincourt, comment gérez-vous mon écurie ? Comment ! Un homme qui m'a servi dans la campagne d'Italie et d'Égypte, le plus ancien de ma Maison, vous avez eu la grâce de lui faire six cents francs de pension, et vous allez donner, sans doute, sa place à un de vos domestiques ! »

M. Caulaincourt voulait faire quelque observation pour cela, mais l'Empereur lui tourne le dos et il me dit : « Un monsieur bien agité ! Roustam, sais-tu écrire ? » Je lui réponds : « Un peu, Sire. — Eh bien ! écris à Lavigne, aujourd'hui ; dis-lui que je lui fais douze cents livres de pension sur ma cassette, et je lui donne la place de concierge des écuries de Versailles, aux gages de 2.400 francs. »

Depuis cette époque, j'ai reçu une seule visite de Lavigne.

J'ai beaucoup connu, autrefois, M. Bizouard[1], chef de division à la Banque de France. Un jour, j'étais à dîner chez lui avec toute ma famille. Il se trouvait au dîner, avec nous, un nommé Morizot, ancien chirurgien, garde-suisse. Il était sans pension et sans fortune. Il était très-sourd et âgé de 78 ans.

M. Bizouard disait : « Père Morizot, l'Empereur fera quelque chose pour M. Roustam. » Sans charge, ce pauvre homme était si content qu'il pleurait de joie. Alors, j'ai fait faire une pétition par

[1] Bizouard, caissier de recettes à la Banque de France.

M. Bizouard, sans rien dire à M. Morizot de ce que nous voulions faire pour lui et soulager sa vieillesse. J'ai gardé, plusieurs jours, la demande dans ma poche, sans pouvoir la remettre à l'Empereur, parce que je voulais attendre un jour de bonne humeur, car, quelquefois, personne n'aurait osé lui parler.

Un matin, l'Empereur sortant de son bain, on annonce M. Corvisart. Il dit qu'il entre. En le voyant, il dit, en riant : « Vous voilà, charlatan ! Qu'est-ce qu'on dit, dans Paris? » Il chantait, en faisant sa toilette.

Je profite de ce moment favorable pour lui demander trois cents livres de pension pour mon protégé. L'Empereur me dit : « Comment, trois cents francs ! Mais une fois donnés, sans doute? — Non, Sire, par an ; d'ailleurs, ce n'est pas un grand sacrifice : cet homme a soixante-dix-huit ans! » M. Corvisart, qui était présent, se joignit à moi, et l'Empereur lui demanda : « Est-ce que vous le connaissez ? » Il n'attendit pas sa réponse et lui dit en riant : « Ah! d'ailleurs, tous les charlatans se connaissent! » Il employait, quelquefois, cette expression avec lui, pour le taquiner.

Sa Majesté était au quartier général de Schœnbrunn. Monsieur Lanefranque[1], grand médecin de Vienne, venait voir sa Majesté. Il restait, quelquefois, une heure entière auprès de Sa Majesté, quand il était dans son bain et à sa toilette. Sa Majesté l'appréciait beaucoup pour sa réputation et son mérite.

Sa Majesté fit venir M. Corvisart à Schœnbrunn. Cependant, Sa Majesté n'était pas malade. L'hiver comme l'été, Sa

[1] Le docteur Lanefranque devint médecin par quartier de l'Empereur.

Majesté toussait toujours un peu. M. Corvisart, à son arrivée à Schœnbrunn, assistait à la toilette et au coucher de l'Empereur. Il resta trois jours, après lesquels il demanda à l'Empereur de retourner en France : « Comment ! vous voulez partir déjà ? Est-ce que vous vous ennuyez ? — Non, Sire, mais je préférerais être à Paris qu'à Schœnbrunn. — Restez avec moi : je donnerai une grande bataille, et vous verrez ce que c'est qu'une bataille. — Non, non, Sire, je vous remercie, je ne suis pas curieux. — Ah ! vous êtes un badaud ! Vous voulez aller à Paris pour tuer vos pauvres malades en détail ! »

Et M. Corvisart partit le lendemain.

L'Empereur[1] avait confié à ma surveillance toutes les armes de guerre, et j'avais

[1] A partir de cet endroit, l'écriture n'est plus de la main de Roustam.

un homme sous mes ordres pour les nettoyer et les mettre en état. Il était de tous les voyages, pour ce singulier service.

On mettait toujours, dans les fontes de la selle de l'Empereur, une paire de pistolets, dans le cas où Sa Majesté voulait tirer, en route, sur des oiseaux, et il était souvent arrivé que les pistolets se dérangeassent par la secousse du cheval, ce qui m'avait causé plus d'une fois du désagrément avec l'Empereur, parce qu'il me rendait responsable de cet inconvénient.

M. Le Page, arquebusier de Sa Majesté, imagina un petit verrou, sur lequel on devait appuyer, avant de s'en servir. Je m'empressai d'en donner connaissance à l'Empereur et de lui expliquer ce mécanisme ingénieux. Il convint, avec moi, que ce moyen paraissait excellent.

Nous étions, à cette époque, à Berlin. Sa Majesté, un matin, monta à cheval après son déjeuner, avec son État-Major, pour aller promener. Nous arrivâmes dans une grande plaine. L'Empereur s'aperçut qu'elle était couverte de corbeaux. Aussitôt il s'élance au grand galop, prend un pistolet et tire sur eux. Mais, ayant négligé d'appuyer sur le bouton, le coup ne partit pas. La colère s'empara de lui : il le jette à terre et vint sur moi, sa cravache levée.

J'étais au milieu de son État-Major, lorsque, le voyant approcher, je quitte ma place. Je galope pour qu'il ne puisse pas m'atteindre. Comme il ne quittait pas prise, je m'arrête devant lui. Il m'accable de reproches et me dit que je n'avais pas soin de ses pistolets. Je veux m'expliquer, mais il me tourne le dos et va rejoindre son État-Major et leur dit : « Ce coquin de Roustam est cause que je n'ai pas tué un corbeau », tandis que, de mon côté, j'allais ramasser le pistolet que je tirai en l'air pour faire voir que je n'étais pas dans mon tort.

Le Grand Écuyer vient à moi, le visite et voit qu'il était en bon état.

Le général Rapp me rejoint et m'apporte des paroles de consolation. J'étais oppressé. Il me dit : « Ne te chagrine pas, mon cher Roustam, tu sais que l'Empereur est vif, mais il sait t'apprécier. »

Le lendemain, Sa Majesté me dit : « Eh bien, gros coquin ! Feras-tu attention à mes pistolets ? — Comme à l'ordinaire, Sire, je n'ai rien négligé de ce qui concerne mon service. »

Il m'imposa silence, et, pourtant, à l'avenir, il fit usage du petit verrou, par le moyen duquel un pistolet ne ratait jamais.

Le Grand Écuyer, qui paraissait convaincu que je n'étais pas dans mon tort, voulut cependant donner des suites à cette affaire, et me dit qu'il ferait payer une amende à celui qui était chargé du soin des armes. J'ai encore peine à concevoir quel était le motif qui le faisait agir. Était-ce une manière de le tenir en haleine ? Il n'y avait pas de nécessité, puisqu'il remplissait parfaitement son devoir. Aussi lui ai-je dit : « Monsieur le Duc, si vous tenez à ce qu'il paye une amende, c'est moi qui la payerai ! »

Il réprimanda ce malheureux homme, qui vint me trouver pour éclaircir cette affaire, à laquelle il ne comprenait rien.

Je le rassurai en lui disant qu'il soit tranquille, que, s'il y avait des torts, ils seraient de mon côté, puisque je visitais les armes avant que de les donner à l'Empereur. Je retournai chez le duc de Vicence pour lui dire que cette action serait de la plus grande injustice, et l'affaire en resta là.

L'Empereur fit le voyage de Venise. Il emmena peu de monde, la Maison du Vice-Roi, qui était à Milan, étant, pour ainsi dire, la sienne.

Il avait le maréchal Duroc dans sa voiture, qui était attelée de huit chevaux ; nous arrivâmes au pied du Mont-Cenis. Il faisait un temps affreux. L'Empereur voulut monter dans sa voiture, mais, un quart d'heure avant que d'arriver sur le plateau, il vint un ouragan et un vent épouvantables, des tourbillons de neige qui aveuglaient les chevaux. Ils refusèrent de marcher, et il fallut faire halte. Impatient d'être ainsi dans l'inaction, l'Empereur descendit de voiture avec le Maréchal, et les voitures de suite restèrent en arrière.

Nous cheminâmes, tous trois, avec l'intention d'atteindre une petite baraque qui était sur la route, à peu de distance, mais la tourmente s'accrut et l'Empereur fut suffoqué ; il perdait la respiration. Le Maréchal, quoique assez fort, eut de la peine à lutter contre le vent. Je pris l'Empereur dans mes bras, je le portai, pour ainsi dire, non pas comme on porterait un enfant, car ses pieds touchaient la terre, mais je l'aidai de mes forces pour le faire avancer. Nous arrivâmes, non sans peine, à la petite baraque : elle était habitée par un paysan qui vendait de l'eau-de-vie aux passants. L'Empereur entra et s'assit près de la cheminée, où il y avait un modeste feu. Sa Majesté dit : « Eh bien, Duroc ! Il faut convenir que ce pauvre Roustam est bien fort et bien courageux. » Il se retourna vers moi et me dit : « Qu'allons-nous faire, mon gros garçon ? — Nous passerons, Sire, répliquai-je ; le couvent n'est pas bien loin. » Et je m'occupai, de suite, de chercher, dans la maison, ce qui pouvait convenir pour faire une chaise à porteurs de circonstance. Je trouvai, dans un coin, une échelle courbée, dont je m'emparai ; je pris des fagots ; j'en fis des cerceaux que je liai fortement ensemble et à l'échelle, avec de grosses cordes. Je mis son manteau par dessus.

J'établissais mon petit équipage sous ses yeux, cela le faisait rire comme un bienheureux. Il me dit : « Mon gros garçon, nous allons partir. » Je lui fis observer que le régent était resté dans la voiture, et je lui proposai d'aller le chercher : « Tu as raison, me dit-il. » Je partis. Durant ce petit trajet, je vis avec plaisir que le temps commençait à se calmer. J'arrivai à la voiture, je pris le régent et l'apportai à l'Empereur dans sa caisse, laquelle je mis sur l'échelle, et il s'assit dessus.

Je pris deux paysans qui se trouvaient dans la baraque, et je les plaçai, chacun, à un bout de l'échelle, et moi au milieu, qui soutenais le manteau pour qu'il n'entraînât les cerceaux.

Nous arrivâmes, enfin, chez les bons moines, qui reçurent l'Empereur avec toutes les marques du plus grand attachement et de la reconnaissance. Il leur faisait beaucoup de bien.

Nous couchâmes au couvent, et les voitures arrivèrent le lendemain, à dix heures du matin. Je fis la toilette de l'Empereur et, après son déjeuner, il me demanda si je connaissais les deux paysans qui l'avaient porté. Comme ils étaient restés aussi au couvent, je lui dis : « Sire, ils sont en bas. » Et je les fis monter.

L'Empereur était dans sa chambre, avec le Grand Maréchal. Sa Majesté leur demanda leurs noms : « Vous êtes de braves gens, leur dit-il; Duroc, donnez-leur, à chacun, six cents et trois cents francs de rentes. »

Nous partîmes donc pour Milan. L'Empereur raconta à toute la Cour la manière dont je lui avais fait passer le Mont-Cenis, et voulut bien louer mon attachement à sa personne. Enfin, il paraissait me savoir un gré infini d'une chose qui n'était que naturelle, et que tout le monde, à ma place, et doué de ma force, aurait faite. Il n'est pas de compliments que je n'aie reçus des grands personnages qui l'entouraient.

M. F***, alors son contrôleur, me dit : « L'Empereur paraît tellement satisfait, que je ne doute pas que vous n'ayez la croix. — Si on me la donne, je la recevrai avec plaisir, lui dis-je, mais jamais je ne la demanderai. »

D'ailleurs, je me trouvais récompensé au-delà de la peine que j'avais eue, par le plaisir que j'éprouvais, et je n'aurais pas voulu donner mon voyage, pour bien de l'argent.

Nous partîmes pour Venise, où nous restâmes quelques jours. Nous revînmes à Milan.

En chemin faisant, une estafette rejoignait l'Empereur et approcha de sa voiture pour lui remettre les dépêches de Paris. Un moment après, il baisse la glace de sa voiture, et me remit une lettre de ma femme. Elle était décachetée : « Tiens, Roustam, voilà une lettre de ta femme ! » Je souris de même, en la prenant. Il me dit : « Elle demande des chaînes de Venise. »

Lorsque nous arrivâmes à Milan, en descendant de voiture, l'Empereur me dit : « Si tu ne portes pas de chaînes de Venise, tu seras mal reçu ! — Sire, lui ai-je répondu, j'en achèterai ici. » Le Vice-Roi me dit : « Roustam, c'est moi qui veux te les donner. » Effectivement, le lendemain, Son Altesse me fit demander et me remit un paquet de chaînes de Venise pour ma femme.

Je recevais toutes les lettres de ma femme par l'estafette. M. de Lavalette [1] avait eu la bonté de m'accorder cette faveur, et l'Empereur n'a jamais paru le désapprouver.

Cette idée de décacheter, parfois, mes lettres, du moins quand les dépêches lui parvenaient en route, m'a bien servi dans une certaine circonstance.

Un colonel de ma connaissance, qui avait été disgracié à tort, m'avait prié de remettre plusieurs pétitions à l'Empereur, étant à Paris. Sa Majesté m'avait toujours promis, mais légèrement : je présume qu'Elle attendait les renseignements du ministre de la Guerre, lorsqu'en Espagne

[1] On sait que le comte de Lavalette était directeur général des postes depuis 1802.

il m'écrivit, dans la lettre de ma femme, et me parla de son affaire. Il me dit que l'issue lui en paraissait longue, qu'il me priait d'en parler à l'Empereur et de prendre un moment de bonne humeur, afin de ne pas la faire rejeter, enfin de ces instants où l'Empereur chantait.

Sa Majesté reçut son estafette dans la nuit, étant au château, près Madrid. Il me dit . « Roustam, fais descendre Méneval[1]. » Lorsqu'il fut arrivé, je me retirai dans le salon où je couchais et, en sortant de la chambre de l'Empereur, M. de Méneval me remit une lettre de ma femme, toute décachetée. Il me dit, le lendemain, à sa toilette : « Roustam, quel est le colonel dont il est question ? » Je lui rappelai, alors, que c'était le même dont je lui avais parlé, plusieurs fois, à Paris, et je

[1] Claude-François, baron de Méneval (1778-1850), secrétaire de l'Empereur.

le suppliai, de nouveau, de lui faire rendre justice, que j'en répondais et que ce serait un brave de plus. Il voulut bien me promettre de s'en occuper, en arrivant à Paris.

Effectivement, je n'eus la peine que de le rappeler une fois à son souvenir, et, peu de jours après, j'appris par le général Drouot, qui était chargé de ces sortes d'affaires, et à qui j'en avais causé, que le Conseil devait prononcer, le jour même, sur celle-ci.

L'Empereur me dit, le soir : « Tu dois être content? Voilà ton ami réintégré ! » Je le savais par le général Drouot qui avait bien voulu me le dire, en sortant du Conseil.

Ce fut dans ce voyage où l'Empereur monta, un jour, en calèche pour aller rejoindre le corps d'armée du maréchal Ney. Sa Majesté avait, dans sa voiture, le prince de Neuchâtel. Je me présentais pour monter devant la voiture, comme de coutume, lorsque l'Empereur me dit : « Roustam, donne ta place à Murat, et toi, monte à cheval. »

Nous avons marché toute la journée et arrivâmes, le soir, fort tard.

Un matin, à la Malmaison, l'Empereur faisait sa toilette, sa fenêtre donnait sur un petit canal, en face du château. Il y avait des cygnes. Sa Majesté me demanda sa carabine. Je la lui apportai. Il tira sur les cygnes. L'Impératrice était dans son boudoir, qui s'habillait. Elle entend le coup, elle accourt en chemise, et entortillée d'un grand schall. Elle saute après l'Empereur, en lui disant : « Bonaparte, ne tire pas après mes cygnes, je t'en prie ! » L'Empereur persistait, en lui disant : « Joséphine, laisse-moi donc. Cela m'amuse. » Alors elle me prend par le bras et me dit : « Roustam, ne donne pas la carabine. » L'Empereur me dit : « Donne-la moi. » L'Impératrice me voit dans l'embarras et me retire la carabine des mains, qu'elle emporte.

L'Empereur riait comme un fou.

Dans le même temps, l'Empereur fut à la chasse au Butard. Ensuite, il se promena dans le bois de Saint-Cucufa, où il y a un étang très profond. Sa Majesté désira se promener sur l'eau et me dit : « Va chercher le canot. » C'était la ville du Hâvre qui lui en avait fait présent. J'entre dans un petit bateau, le batelier me conduit au canot et, avant qu'il en fût assez près, je m'élançai. Le petit bateau chavira, et me voilà dans l'eau. J'allai au fond et je sentis la bourbe. Je donnai un coup de pied qui me fit revenir sur l'eau. L'Empereur me criait : « Roustam, sais-tu nager? — Non, lui disais-je. » Il dit, aussitôt, aux chasseurs qui l'accompagnaient : « Que ceux qui savent nager aillent vite au secours de Roustam ! » Mais, à force de me débattre, j'attrapai le grand bateau et j'y entrai. Je regagnai le bord. Je vis plusieurs chasseurs qui avaient mis l'habit bas, tout disposés à me retirer.

L'Empereur me dit : « Comment ne sais-tu pas nager? Je veux que tu apprennes. Vas au château te rechanger. »

J'appris donc à nager et, pour mon coup d'essai, je perdis un très-beau bijou en diamants, que m'avait donné l'Impératrice.

A la Cour, on n'avait pas l'habitude d'intéresser le jeu. L'Empereur lui-même ne jouait jamais d'argent. Cependant, après la bataille d'Eylau, étant à Osterode, il jouait le vingt-et-un avec Murat, Berthier, Duroc, Bessières.

J'étais dans le salon à côté. J'entends

appeler : « Roustam ! » à plusieurs reprises. J'entre, et l'Empereur prit une poignée d'or et me dit : « Tiens, voilà de mon gain ! » Il y avait six cents francs.

Le lendemain, il m'en donna autant, et, le surlendemain, sept cents francs. Il paraissait enchanté d'avoir gagné. Ce sont les seules fois où je l'aie vu intéresser le jeu, et, une autre fois, à Rambouillet, où il me donna quatre cents francs. Ce fut l'Impératrice qui eut la bonté de venir m'appeler, elle-même, dans la chambre de l'Empereur[1].

Nous étions à Fontainebleau. On parlait du départ de l'Empereur pour l'île d'Elbe. Sa Majesté était fort triste et parlait à peine.

[1] Il était intéressé et trichait ; enfin, on disait de lui : « Il jouerait des haricots qu'il tricherait encore ! » (*Note du ms.*).

Un jour, on me demande, ainsi qu'à plusieurs autres, et avec les formes d'un chargé d'affaires, si j'étais dans l'intention de suivre l'Empereur. Je ne crus pas devoir répondre à la personne autre chose, si ce n'est que j'en causerais avec l'Empereur. J'avais une condition à y mettre.

On ajouta qu'à l'île d'Elbe, Sa Majesté n'aurait pas besoin de moi comme Mamelouck, qu'alors je ferais le service de l'antichambre. Je répliquai que je ferais le service comme par le passé et que, de même, je n'y reconnaîtrais de maître que l'Empereur, et que je n'y recevrais d'ordres que du Grand Maréchal. Enfin, la discussion devint vive, lorsqu'un grand personnage de la Cour vint s'en mêler, en me disant que j'étais un homme à lui, et que je ne pouvais pas faire autrement. Je lui répondis que je n'étais à personne qu'à moi-même; que mon attachement à l'Empereur était tout en engagement auprès de Sa Majesté ; que, d'ailleurs, tout ceci me regardait avec Elle, et que je n'avais de compte à rendre à personne sur mes intentions, dans cette circonstance. Jamais je ne fus plus vexé et plus humilié.

Lorsque M. le comte Bertrand me fit venir chez lui et me demanda, avec la bonté et la douceur qui le caractérisent, si je suivais l'Empereur, dans toute autre circonstance où j'aurais eu l'esprit plus libre et plus agité, je lui eusse ouvert mon cœur, mais la nouvelle scène que je venais d'avoir avec les autres m'en avait ôté toute la faculté, et je me contentai de répondre que, sans doute, j'en avais le désir, mais que j'en causerais avec l'Empereur.

J'avais écrit, la veille, à ma femme, et je lui disais que je partirais, peut-être, à l'île d'Elbe sans la voir, et que, dans ce cas, elle recevrait, à mon arrivée dans ce pays, quelque temps après, les instructions nécessaires pour arranger nos affaires et venir me retrouver avec ses enfants, mais que, cependant, je ferais ce qui dépendrait de moi pour aller lui faire mes adieux.

Je me hasardai donc à en demander la permission à l'Empereur, qui me l'accorda, et je partis, un matin. Mais sa tristesse m'òta le courage de lui parler de moi, et il ne sut rien des désagréments que je venais d'éprouver.

J'arrivai à Paris. Ma femme me dit qu'elle venait de m'écrire et qu'elle m'approuvait beaucoup du parti que j'avais pris de suivre l'Empereur et qu'elle était toute disposée, quoiqu'il lui en coûtât beaucoup de quitter son père et sa mère, à me rejoindre dès que je la demanderais. C'était aussi le contenu de sa lettre, mais elle me conseilla, lorsque je serais de retour à Fontainebleau, de parler avec franchise à l'Empereur. Elle sentait que mon caractère ne supporterait pas davantage d'être commandé par ceux qui s'y disposaient, et que je ne consentirais pas à me laisser humilier par eux. Enfin je lui dis que je ne me sentais pas le courage d'entretenir l'Empereur de ce qui me regardait, que je voulais risquer le voyage de l'île d'Elbe et que, si je m'y trouvais malheureux, je m'arrangerais avec un négociant de ce pays pour m'amener en Italie ; que, de là, je rentrerais en France. Elle combattit mon projet, en me disant qu'ensuite on ne me laisserait pas rentrer.

J'ai toujours eu des intentions si pures, que je ne pouvais pas comprendre qu'on pût me refuser d'habiter le lieu où je me serais présenté.

Enfin, je passai deux jours dans ma famille ; j'y fis mes petites dispositions d'intérêts, et je fis faire une procuration par maître Fouché, mon notaire. Elle portait que j'autorisais ma femme à gérer mes affaires, pendant mon séjour à l'île d'Elbe. Ensuite je partis pour Fontainebleau.

J'arrivai le soir, au grand étonnement de tout le monde, de l'Empereur même à qui on n'avait pas négligé de faire croire que j'étais parti pour ne plus revenir.

Sa Majesté me dit : « Te voilà ? » et ne m'en dit pas davantage.

Je réclamai la lettre de ma femme : personne ne l'avait vue. Mais, ne comptant plus sur mon retour, un de mes camarades me dit qu'on l'avait décachetée et portée au Grand Maréchal. Elle n'était pas, cependant, contre moi, comme je l'ai déjà dit : c'était une réponse à celle où je lui disais que j'avais l'intention d'aller à l'île d'Elbe.

Le bruit courait, au château, que l'Empereur avait voulu se détruire avec du charbon. Je fus altéré et ne dormis pas de la nuit. Comme j'étais frappé de cette idée de destruction, tout me portait ombrage, et j'observais toujours, avec inquiétude, la mine de l'Empereur, lorsque, le matin du lendemain de mon arrivée, il me demanda ses pistolets. Comme j'étais chargé de ses armes, en toute autre circonstance, j'eusse pensé que c'était pour son agrément, mais dans celle-ci, je jugeai à propos de ne pas les lui donner. Je n'osai pas le refuser ouvertement, mais j'alléguai des raisons, et j'allai trouver le prince de Neuchâtel, lui parler de mes craintes, et le prier de m'autoriser à refuser ses pistolets, dans le cas de récidive. Il me dit : « Cela ne me regarde pas », et m'abandonna à moi-même.

Un ami, que j'avais à Fontainebleau et à qui je me gardai bien de parler de tout ceci, me dit que le bruit se répandait que l'Empereur avait voulu se détruire. Je lui dis que je n'en avais pas de connaissance : « Savez-vous, me dit-il, mon cher Roustam, que c'est ce qui pourrait vous arriver de plus fâcheux ? Surtout, si le malheureux événement arrivait la nuit, on n'ôterait pas de la tête du public que vous avez été gagné par les Puissances étrangères, pour commettre ce meurtre. »

Alors je ne tins plus à cette horrible perspective, je perdis la tête et je résolus de fuir. J'écrivis à l'Empereur : je lui disais que j'étais forcé de m'éloigner et que, quand il le jugerait à propos, il me rappellerait.

Je chargeai quelqu'un de lui remettre ma lettre, mais on ne la remit pas[1]. Le style en était peut-être bien ridicule, vu le peu de facilité avec laquelle j'écris le français, et avec la tête désorganisée. Il fallait,

[1] Voilà ce que j'ai su depuis (*Note du ms.*).

sans doute, beaucoup d'indulgence, mais l'Empereur l'aurait interprétée, quelle qu'elle soit.

Je partis de Fontainebleau à une heure. J'arrivai à Paris le soir, au grand étonnement de ma famille. Je restai dans l'attente. Ma femme me dit : « Il faut espérer qu'il n'arrivera point d'événement à l'Empereur ; tiens-toi prêt, dans le cas où Sa Majesté te ferait demander. »

Ce fut à cette époque où il vint deux envoyés de M. le comte d'Artois me demander des renseignements sur les diamants que l'Empereur m'avait envoyé chercher chez M. de la Bouillerie[1].

Comme je n'avais que la vérité à dire, je ne fus pas bien embarrassé, et je répondis à ces messieurs que l'Empereur m'avait effectivement donné ordre d'aller

[1] Le baron de la Bouillerie, trésorier général de la Couronne.

chercher ses diamants ; que je m'étais présenté chez M. de la Bouillerie, muni d'un reçu de l'Empereur ; qu'alors, il me les avait remis et que je les avais apportés à Sa Majesté, dans son cabinet ; qu'il m'avait dit de les poser là et que je n'avais point connaissance de ce qu'il en avait fait.

Enfin, quelques jours s'écoulèrent, et j'appris que l'Empereur était parti de Fontainebleau.

Je pressentis, alors, qu'on n'avait point donné connaissance de ma lettre à Sa Majesté. On me nomma les personnes qui l'avaient accompagnée, et de la part desquelles je n'aurais craint aucun désagrément. Toutes étaient à mon gré. Alors, je résolus d'aller rejoindre l'Empereur à l'embarquement, et ma femme alla, de suite, à la poste aux chevaux, faubourg Saint-Germain, pour se procurer une chaise de poste. Elle rencontra un monsieur de notre connaissance, qui était dans la cour, et il lui dit : « Vous ne parviendrez pas à avoir des chevaux, car on vient de m'en refuser pour aller chercher mon beau-frère, à Fontainebleau. »

Elle ne se décourage pas, et entre au bureau où elle prie et supplie. On lui dit : « Madame, il n'y en a même pas assez pour le service des Souverains. » Elle revint désolée ; moi j'étais au désespoir. Il fallut se résigner et, depuis, j'ai été fondé à croire que, dans le cas où j'aurais eu des chevaux, on ne m'aurait pas donné un passe-port.

Je ne tardai pas à être inquiété. Un chef de la police, que je connaissais, m'engagea à quitter Paris avant l'entrée du Roi, en me disant que ce serait le parti le plus sage ; qu'il fallait mieux s'éloigner et aller passer quelque temps à la campagne, que d'attendre qu'on me renvoyât et qu'on m'exilât.

Tout ceci était nouveau pour moi, je ne pouvais pas concevoir qu'on pût me regarder comme un être dangereux. Mais, enfin, il m'assura qu'on me voyait, à Paris, avec inquiétude et je ne me rendis à ces raisons qu'à la sollicitation de ma famille qui me chérissait, et à qui l'idée de me voir tourmenter causait le plus grand chagrin.

Je sortis donc de Paris avant l'entrée du Roi, et j'allai me réfugier à Dreux, où je passai quatre mois. Ma famille sollicita, deux mois après, le ministre de la police, pour qu'il m'accordât la permission de rentrer, ou, du moins, pour que ma rentrée à Paris eût son agrément. Et, deux mois après, il y consentit.

Quelques jours avant l'accouchement de l'Impératrice, l'Empereur me sonnait plusieurs fois, la nuit, et m'envoyait savoir des nouvelles de Sa Majesté. Je me rendais auprès des femmes qui l'entouraient et je rendais compte à l'Empereur des nouvelles qu'elles me donnaient. Mais, la nuit qui précéda le jour de son accouchement, l'Empereur passa la nuit auprès d'elle, la promenant dans sa chambre par le bras. Elle ressentait de légères douleurs.

Sur les six heures, elles se calmèrent et elle s'endormit. L'Empereur remonta chez lui et me dit : « Roustam, mon bain est-il prêt ? — Oui, Sire, lui répondis-je. » Il s'y mit aussitôt et se fit servir son déjeuner, lorsqu'une demi-heure après, M. Dubois[1] se fit annoncer : « Vous voilà, Dubois ! lui dit l'Empereur. Qu'y a-t-il de nouveau ? Sera-ce pour aujourd'hui ? — Oui, Sire, ce ne sera pas long, mais je désirerais que Votre Majesté ne descendît pas. — Mais pourquoi cela, Dubois ? — Parce que la pré-

[1] Le baron Dubois, chirurgien-accoucheur de l'Impératrice.

sence de Votre Majesté me gênerait. — Mais, pas du tout ! Il faut que vous accouchiez l'Impératrice comme si vous accouchiez une paysanne et ne pas vous inquiéter de moi. — Mais, Sire, je préviens Votre Majesté que l'enfant se présente mal. » Alors l'Empereur lui demanda des explications là-dessus : « Eh ! comment allez-vous faire ? — Mais, Sire, je serai obligé de me servir de ferrements. — Ah ! mon Dieu ! dit l'Empereur effrayé, est-ce qu'il y aurait du danger ? — Mais, Sire, il faut ménager l'un ou l'autre. — Eh bien, Dubois, ménagez d'abord la mère. Et descendez de suite, je vous suis. »

M. Dubois descendit par le petit escalier dérobé qui donnait dans la chambre de l'Impératrice.

L'Empereur sortit du bain précipitamment : à deux, nous lui passâmes ses vêtements. Il courut, de suite, à l'appartement de l'Impératrice, et je l'y suivis, impatient aussi de voir ce qui s'y passait.

Il entra dans la chambre de Sa Majesté. Tous les grands officiers de la Couronne y étaient déjà rendus et se répandaient jusque dans le grand salon, dont les portes étaient ouvertes. Cela ressemblait à un jour de fête. Moi, j'étais dans le boudoir qui donnait dans ce salon et dont la porte était ouverte aussi.

Enfin, l'enfant vint au monde et l'Empereur dit à madame de Montesquiou[1] qui le recevait : « Madame de Montesquiou, qui est-ce que c'est ? — Sire, vous le saurez tout à l'heure. » Et l'Empereur le prit dans ses bras avant que d'être arrangé, et le montra à tout le monde.

L'Empereur sortit dans le salon et dit :

[1] La comtesse de Montesquiou, gouvernante des Enfants de France.

« Messieurs, dites qu'on tire deux cents coups de canon. »

L'Empereur aimait beaucoup les enfants; il me demandait souvent des nouvelles de mon fils. Un jour, je le fis descendre avec moi dans la chambre de l'Empereur. Sa Majesté s'y trouvait. Elle lui dit aussitôt : « Eh bien, te voilà, bon sujet ! » Il avait, à cette époque, quatre ans, il tutoyait tout le monde, et pas plus de timidité qu'on n'en a ordinairement à son âge. L'Empereur le fit placer dans l'embrasure de la fenêtre, et l'enfant se mit, aussitôt, à toucher à ses ordres et à le questionner sur cela.

L'Empereur lui dit : « On ne donne ces choses-là qu'à ceux qui sont sages. Es-tu sage, toi ? » Il ouvre aussitôt de grands yeux et lui dit : « Regarde dans mes yeux, plutôt. — J'y vois qu'Achille est un fier polisson ! »

Choqué malgré moi de ce qu'il tutoyait, je cherchai à lui faire signe, mais l'Empereur, s'en apercevant, lui fit me retourner le dos et l'enfant continua son babil mieux que jamais. L'Empereur lui dit : « Sais-tu prier Dieu ? — Oui, lui dit-il, je le prie tous les jours. » L'Empereur lui dit : « Comment te nommes-tu ? — Je m'appelle Achille Roustam. Et toi ? » Je m'approchai et je lui dis : « C'est l'Empereur ! — Tiens ! c'est toi qui cours la chasse avec papa ? »

Sa Majesté me dit : « Est-ce qu'il ne me connaît pas ? — Sire, il a vu plus souvent Votre Majesté en habit de chasse ; c'est pourquoi il la reconnaît moins, dans celui-ci. »

L'Empereur lui tira les oreilles, lui frotta la tête. L'enfant était enchanté et il semblait qu'il eût toujours beaucoup de choses à lui dire ; mais Sa Majesté lui dit :

« Il faut que j'aille déjeuner. Tu viendras me revoir. »

Je couchais dans l'appartement de l'Empereur, dans le salon le plus voisin de sa chambre à coucher. On me dressait, tous les soirs, un lit de sangle. Dans le temps des conspirations, je m'étais imaginé de mettre mon lit en travers de sa porte.

Une nuit, l'Empereur, au lieu de me sonner, vint dans ma chambre et, en ouvrant la porte, se trouva arrêté par mon lit, et se mit à rire beaucoup de ma précaution. Le lendemain, il la raconta à tout le monde et dit : « Si l'on parvient à moi, ce ne sera pas de la faute à Roustam, car il s'est imaginé de barrer ma porte avec son lit! »

Mais, je le répète, ce n'était que dans les temps des conspirations. Ordinairement, je couchais au milieu du salon, lorsque le Grand Maréchal trouva plus convenable d'y faire une armoire contenant mon lit, qui se tirait en ouvrant les deux battants.

Ce fut à Saint-Cloud qu'elle fut construite et, dans un voyage que nous fîmes, le Grand Maréchal me montra cette nouvelle invention, en m'observant que ce serait plus propre et plus commode. Je me rendis à ces raisons et me couchai dans mon nouveau lit.

Le hasard voulut encore que l'Empereur vint me chercher. Ne voyant point de lit, après avoir fait le tour du salon, il vint à mon armoire. Suffoqué de colère, il me réveilla très-vivement. Je ne savais plus où j'étais, et la première pensée fut qu'un malfaiteur avait pénétré jusqu'à lui, et j'allais sauter en bas du lit pour le saisir, lorsque je reconnus l'Empereur qui m'accabla de reproches, disant : « Est-ce ainsi que tu me gardes? On m'abandonne! » Je le suivis dans sa chambre en cherchant à m'expliquer, mais il ne voulut pas m'entendre.

Ce ne fut que le lendemain, lorsqu'en me parlant de cet événement, il se mit à rire en disant qu'il m'avait fait une belle peur : « Il est vrai, Sire, j'en tremble, lorsque j'y pense encore. Je croyais qu'un malfaiteur s'était introduit dans la chambre de Votre Majesté ou qu'il voulait y pénétrer, et j'ai été au moment de vous saisir pour vous défendre. »

Il raconta cette catastrophe à l'Impératrice Joséphine, qui parut me plaindre, en disant : « Ce pauvre Roustam! Il est si attaché, et, depuis hier, tu lui as causé bien du chagrin! » Elle avait une si grande tendresse pour l'Empereur qu'elle affectionnait tous ceux qui lui portaient un véritable attachement. Elle en devenait la protectrice. Elle redressait souvent les injustices et adoucissait l'Empereur dont le caractère était assez violent. Je lui dois de n'avoir pas été parfois éloigné de l'Empereur.

Cependant, on est parvenu à m'empêcher de monter à la parade : je n'étais là d'aucune utilité, il est vrai. Ce n'était, pour ainsi dire, qu'un service d'honneur, mais enfin, depuis tant d'années je l'accompagnais partout et je tenais à ce qu'on n'empiétât pas sur mes droits, de manière que je me plaignis à l'Empereur de ce qu'on ne voulait pas que je montasse à la parade. Il me dit : « Ne les écoute pas et montes-y toujours. » Il donna l'ordre très-impérativement et on ne lutta pas. A quelque temps de là, on me dit qu'il y avait plusieurs chevaux malades, et, ensuite, on me donna à entendre que j'employais inutilement des chevaux. Je dus céder, ne voulant pas importuner l'Empereur par de nouvelles plaintes ; d'ailleurs je me flattais qu'il se plaindrait de mon absence, mais il ferma les yeux là-dessus, et ne m'en parla pas.

On fit les mêmes tentatives au couronnement, mais vainement.

L'Empereur avait commandé deux beaux habits, qui furent exécutés par deux brodeurs différents, et tous deux plus brillants l'un que l'autre. Un soir, il me fit appeler au salon, au milieu de plusieurs grands personnages et me donna un poignard enrichi de brillants. Tout m'annonçait que je devais être du cortège et j'étais loin de penser qu'on cherchât à s'y opposer. J'étais donc dans une parfaite sécurité, lorsqu'un jour j'allai m'informer à M. de Caulaincourt du cheval qu'il me destinait. Il me dit affirmativement que je ne montais pas ; que, d'ailleurs, j'aille m'en informer au Grand Maître des Cérémonies[1], qui me répondit qu'il n'y avait pas de place et que je m'adresse à l'Empereur ; c'était Sa Majesté qui avait désigné les places.

Je choisis l'heure du dîner pour demander à l'Empereur la permission d'être du cortège. Il me répondit que, sans doute, c'était son intention, et qu'il m'autorisait à aller auprès du Grand Ecuyer lui demander un beau cheval, mais il persista à me dire qu'il ne pouvait m'assigner une place. Enfin, je pris le parti d'implorer l'appui de l'Impératrice, craignant de fatiguer l'Empereur. Elle a eu la bonté de me dire qu'elle en parlerait à Sa Majesté et que je me trouve au salon en sortant du dîner. Au moment où l'Empereur prenait son café, je m'y rendis.

[1] Le Grand Maître des Cérémonies était le comte Louis-Philippe de Ségur (1753-1830), auteur des célèbres *Mémoires*, sénateur en 1813.

En m'apercevant, il me dit : « Eh bien? que veux-tu? » L'Impératrice prit la parole et lui dit : « Ce pauvre Roustam a bien du chagrin ; on veut l'empêcher de te suivre à Notre-Dame ; lui qui a partagé tes dangers, il est bien juste qu'on lui donne cette récompense ! »

L'Empereur me dit : « As-tu un beau costume ? »

Je lui observai que j'en avais même deux. Il me dit : « Va t'habiller, que je te voie ! » Je me rendis, l'instant d'après, à ses ordres, et brillant comme un soleil. Il trouva, ainsi que l'Impératrice, mon costume superbe et fit appeler M. de Caulaincourt, à qui il donna l'ordre de me donner un cheval et, sur l'objection qu'il lui fit qu'on ne pouvait me désigner une place, parce que, dans les anciens cortèges, il n'y avait point de Mameloucks, l'Empereur lui répondit : « Il sera partout. » Et j'eus le bonheur, le lendemain, d'accompagner l'Empereur, plus satisfait encore en raison des obstacles qu'on avait élevés.

C'est un garçon de garde-robe qui, pendant trois jours, portait, pour les briser, les souliers et les bottes de l'Empereur. Il s'appelle Joseph.

L'Empereur était à Paris (1811). Le cordonnier s'appelait Jacques. L'Empereur était à sa toilette. Son valet de chambre, son médecin étaient là : « Voyez, Monsieur, prenez ma mesure. — Oui, Monsieur, vous serez content. — Combien me faites-vous payer ces souliers ? — Douze francs, Monsieur, cela n'est pas cher ! — Comment, pas cher ? Très-chers, des petits souliers ! — Aux autres pratiques treize francs, mais pour conserver votre pratique, douze francs. »

Le cordonnier sort, et l'Empereur dit :

« Comment s'appelle ce gaillard-là ? C'est un vrai Français. » Les souliers n'allant pas mieux, on eut recours à un garçon de garde-robe qui les brisait.

Smorgoni[1], ville polonaise en réputation pour apprivoiser les ours, dans la retraite de Russie.

Sa Majesté arriva dans cette ville, appuyé sur un grand bâton. Il faisait un froid épouvantable : les chemins étaient tellement couverts de neige et de glace, qu'on ne pouvait pas se servir de voitures.

Une heure après son arrivée, il me dit : « Roustam, dispose tout dans ma voiture. Nous allons partir. Tu demanderas à Méneval de l'argent autant comme il pourra t'en donner. » M. Méneval me donna

[1] Deux journées avant Smorgoni-Molodestchno. Adieux de l'Empereur à l'armée. — C'est là que fut rédigé secrètement le 29e et dernier bulletin de la Grande-Armée (*Note du ms.*).

60,000 francs en or, que je plaçai dans le nécessaire de Sa Majesté[1]. Je partageai la somme en trois : un tiers dans un compartiment, un autre tiers dans une chocolatière en vermeil, et le reste en rouleaux dans le double fond. Je fermai le nécessaire, dont je gardai la clef, et je le mis dans la voiture. Durant le voyage, ce fut le Grand Ecuyer qui paya la dépense des chevaux. Je mis aussi quelques provisions dans la voiture, mais elles ne nous servirent pas, tout était gelé et les flacons brisés.

Lors de notre départ, tout le monde pa-

[1] M. Frédéric Masson nous communique une rectification de ce passage, d'après le *Livret de la petite cassette*, tenu par Meneval :

« 5 décembre, à Smorgoni, à Constant, pour le nécessaire de Sa Majesté, 14.000. »

Donc, c'est à Constant, et non à Roustam, que l'argent fut remis. Il n'y a pas eu de confusion de noms, car, en suite de la note de Meneval, se trouve l'arrêté de compte authentique, de la main de l'Empereur, daté du 5 décembre et paraphé avec soin.

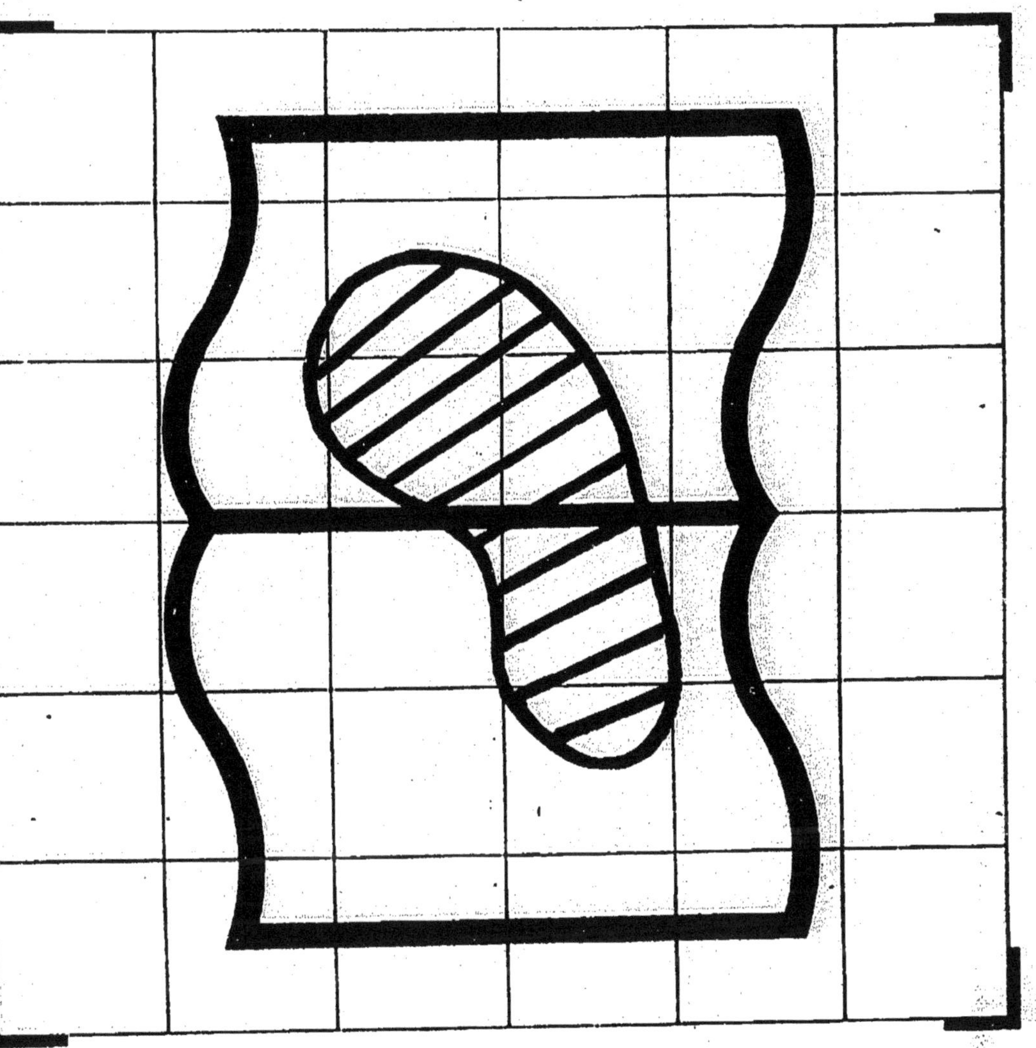

rut inquiet et me demanda ce que venait de me dire l'Empereur.

Enfin, nous partîmes à neuf heures du soir, escortés de trois escadrons de la Garde[1].

L'Empereur avait, dans sa voiture, le Grand Écuyer. Le maréchal Duroc était dans un traîneau, avec Lobau. Moi, devant la voiture avec Wonsowitch, officier polonais, qui servait d'interprète à l'Empereur. Nous arrivâmes fort tard au premier relais[2]. Un tiers de l'escorte était restée en arrière. Je descendis pour un besoin, j'aperçus une lumière dans une cabane, tout près de moi. J'entre pour allumer ma pipe, je vois quelques personnes couchées sur la paille, je reconnais un officier de la gendarmerie de la Garde, qui parut tout étonné de me voir, et me dit : « Par quel hasard ? » Je lui dis

[1] Des Polonais et ensuite des Napolitains de la Garde Royale (*Note du ms.*).

[2] A Compranoï, d'autres disent Osmiana (*Note du ms.*)

que l'Empereur était là : « Quel bonheur, me dit-il, qu'il ne soit pas arrivé plus tôt ! Il y a une heure, que les Cosaques étaient ici. Ils ont fait un hourra sur le village. » Je remontai et nous voilà en route, suivis seulement de quelques Polonais, des débris des trois escadrons. Les chevaux tombaient et, par conséquent, les cavaliers avaient été démontés, et au second relais nous n'en avions plus.

Nous gagnâmes Vilna. L'Empereur en traversa les faubourgs. Il y avait une maison à un quart de lieue de cette ville [1], sur la route de France.

L'Empereur s'y arrêta et demanda le duc de Bassano, qui se trouvait en ville. Il arriva un instant après et resta une grande heure avec l'Empereur, qui mangea un

[1] Miedniki. Il envoie Maret au-devant de Murat pour lui dire que Vilna était approvisionné. Ici s'arrête la relation de Ségur concernant Napoléon, qu'il fait arriver à Paris sans transition (*Note du ms.*).

morceau, car on n'avait fait aucun usage des provisions qui étaient dans la voiture. M. Maret fit venir six de ses chevaux et son postillon pour conduire Sa Majesté. Nous arrivâmes à Kovno, au point du jour, dans un hôtel tenu par un Français. On fit un grand feu et un bon déjeuner pour l'Empereur. Nous commencions à respirer, mais nous repartîmes bientôt. Le premier endroit où nous nous arrêtâmes fut un petit bourg où l'Empereur déjeuna et fit sa toilette. Je m'étais précautionné de trois rechanges. Je laissai donc le linge sale à l'auberge et le donnai, ne voulant pas m'en charger, à la maîtresse d'hôtel de l'auberge. Aussitôt, tout le monde s'en partagea les morceaux.

Sa Majesté me dit de donner de l'argent à Caulaincourt, et j'allai chercher la chocolatière. Je lui demandai combien il voulait. L'Empereur la prit alors et en versa le contenu dans le chapeau du Grand Écuyer, que je priai de prendre connaissance de la somme. Celui-ci la versa sur une table et la compta.

Nous quittâmes les voitures, que nous laissâmes dans cet endroit, et nous prîmes des traîneaux.

L'Empereur monta dans un traîneau couvert, avec le Grand Écuyer, le maréchal Duroc dans un autre avec l'officier polonais, et moi dans un troisième avec le général Lefebvre-Desnouettes. Celui de l'Empereur allait beaucoup plus vite, et nous restâmes en arrière d'une demi-journée. Mais l'Empereur, à son arrivée, fit m'écrire, par le Grand Écuyer au Grand Maréchal, pour que, dès la réception de sa lettre, il fît le nécessaire pour faire rejoindre Roustam le plus tôt possible, ainsi que Wonsowitch.

Le Grand Maréchal nous fit alors donner un traîneau plus léger, mais nous ne pûmes quand même arriver que le lendemain à Varsovie, où nous retrouvâmes Sa Majesté. L'Empereur y déjeuna et reçut les autorités, entre autres l'archevêque de Malines.

Nous partîmes, toujours en traîneau, pour Posen. Nous y descendîmes dans un hôtel où l'Empereur reçut de nouveau les autorités.

M'apercevant, le maire me dit : « M. Roustam, vous avez la figure gelée ! » Je ne m'en étais pas aperçu. De suite, il envoya chercher un flacon de liqueur qu'il me donna, me conseillant de m'en frotter deux ou trois fois par jour, et d'éviter surtout de m'approcher du feu. J'étais effrayé et en fis usage de suite. Ma peau devint jaune comme du safran, quoique l'eau fût très-claire. Quand je parus devant l'Empereur, Sa Majesté s'écria ; « Qu'as-tu donc, Roustam ? Quelle horreur ! » Je lui dis alors que j'avais eu le visage gelé. Il me recommanda également de ne pas approcher du feu, ajoutant que le nez me tomberait.

L'Empereur fit sa toilette et reçut le roi de Saxe, qui lui fit observer qu'il voyagerait plus confortablement dans ses voitures, mais l'Empereur lui répondit que le traîneau lui permettait de voyager beaucoup plus vite. Le roi ajouta : « Ce pauvre Roustam a la figure toute abîmée ! »

Quelques heures après, nous vîmes arriver tous ceux qui étaient restés en arrière, c'est-à-dire le Grand Maréchal, Lefebvre-Desnouettes, l'officier polonais, etc.

Nous partîmes pour Erfürt en passant par Dresde où M. de Saint-Aignan[1] était ambassadeur. L'Empereur lui fit dire de lui envoyer sa voiture à Erfürt, où

[1] Le baron de Saint-Aignan, écuyer de l'Empereur, ministre plénipotentiaire près les Maisons ducales de Saxe.

l'Empereur s'arrêta, fit sa toilette et dîna.

Ensuite, M. de Saint-Aignan vint l'y rejoindre avec sa voiture. L'Empereur y monta avec le Grand Écuyer, et nous partîmes pour Paris.

A Mayence, nous rencontrâmes M. de Montesquiou, officier d'ordonnance de Sa Majesté. L'Empereur lui dit : « Vous voilà, Monstesquiou ! Vous ne vous êtes guère dépêché ! — Pardon, Sire, mais, par ce froid et le manque de chevaux... — Allons, il n'y a pas de mal à cela, nous voyagerons ensemble. »

A notre arrivée à Meaux, la voiture de Sa Majesté cassa. On prit donc le cabriolet du maître de poste, dans lequel l'Empereur monta avec M. de Caulaincourt, et me recommandant de monter dans une autre voiture, avec tous ses papiers.

Arrivés devant la grille des Tuileries, le

factionnaire s'opposa à notre entrée et l'Empereur lui dit : « Comment, coquin, tu ne veux pas me laisser rentrer chez moi ? » Il lui tira les oreilles. Enfin, il finit par le reconnaître [1].

Le soir, je déshabillai Sa Majesté. Aucun de ses valets de chambre n'était arrivé ; il me dit alors : « Repose-toi quelques jours, Roustam, et dis à ton beau-père de venir près de moi. »

Le lendemain, en faisant sa toilette, Sa Majesté lui dit : « Roustam doit-être bien fatigué ; il faut qu'il ait une santé de fer ! » Deux jours après, je repris mon service et je descendis, le matin, à sa toilette. Corvisart était présent : mon nez était devenu noir comme du charbon.

L'Empereur dit à M. Corvisart de me

[1] Il arriva soudainement à Paris le 19 décembre, deux jours après la publication, à Paris, de son vingt-neuvième bulletin (*Note du ms.*).

visiter le nez et lui demanda s'il n'y avait pas de danger. Après un sérieux examen, Corvisart s'écria : « Non, Sire, puis d'ailleurs, s'il tombe, nous le rattacherons ! »

V

Ulm. — Nouveau danger couru par l'Empereur. — Mort du colonel Lacuée. — Construction de ponts sur le Danube. — L'île Lobau. — L'Empereur fait sa toilette en plein air. — Essling. — Mort du maréchal Lannes. — Douleur de Napoléon. — Ebersdorf. — Mon turban blanc sert de point de mire à l'ennemi et manque faire tuer l'Empereur à mes côtés. — Les cerfs de l'île Lobau. — Masséna blessé. — Wagram. — La voiture de Masséna traversée par un boulet. — Campagne de Russie : de Moscou à Molodetchno. — Les vivres de l'Empereur pillés par ses soldats. — Mot de lui à ce sujet. — L'Empereur et le maréchal Berthier.

A la bataille d'Ulm, l'Empereur était au milieu des balles et de la mitraille. Il était dans le plus grand danger. Le roi de Naples et le prince Berthier viennent prendre la bride de son cheval pour le faire éloigner du danger, en lui disant : « Sire ce n'est pas la place de Votre Majesté. »

L'Empereur dit : « Ma place est partout. Laissez-moi tranquille. Murat, allez faire votre devoir. »

C'est le même soir, avant la bataille, que j'ai vu M. Lacuée [1], que j'ai connu beaucoup. Il avait quelque amitié pour moi.

Lacuée, colonel, était naguère aide-de-camp de l'Empereur. Grand, maigre, sec, figure intéressante. Avait été ami de Moreau et lui faisait des visites. De là sa disgrâce. De là son grade de colonel d'infanterie. C'est le matin de la bataille d'Ulm que Roustam le vit. L'Empereur passa devant le régiment, ne dit rien au colonel. Mais Roustam le regarde et le colonel s'avance : « Eh bien, colonel, vous nous avez quittés ? — Mon cher Roustam, je me ferai connaître au-

[1] Gérard Lacuée, colonel du 19e de ligne, tué à Gunzbourg, le 5 octobre 1805. Il était neveu de Jean-Gérard Lacuée, le général de division, membre de l'Institut.

jourd'hui à l'Empereur, vu que je me ferai tuer! »

Son régiment, corps d'armée du maréchal Ney. Pont à traverser. La bataille était à peine engagée. Le régiment de Lacuée était à la tête de pont. Le maréchal ordonne que le régiment s'empare du pont. Déjà le pont était traversé (ennemis autrichiens : commandant, le général Mack). A peine le pont passé, Lacuée est atteint d'une balle au milieu du front.

Le lendemain, Mack est blessé. L'Empereur, logé dans une abbaye, veut voir défiler les prisonniers.

Il était à une heure d'Ulm. Il charge Caulaincourt de choisir un paysan pour lui faire connaître le pays en se rendant à Ulm. Le paysan monte, mais un quart d'heure avant d'arriver, on s'aperçoit qu'il est étranger. Fureur de Caulaincourt qui fait administrer vingt-cinq coups de bâton au paysan. Indignation de Duroc, etc.

L'Empereur arrive à Schœnbrunn. Les ennemis avaient brûlé les ponts de Vienne, sur le Danube. L'Empereur va visiter Ebersdorf, petit bourg sur le Danube. Il donne des ordres pour construire des ponts sur le Danube, en face d'Ebersdorf. L'Empereur, partant de Schœnbrunn, visitait tous les jours les travaux. Deux branches du Danube; deux ponts jetés dessus. Puis, île de Lobau. Puis un petit bras pour gagner la plaine. La bataille était engagée. Les Autrichiens ayant rompu des moulins et jeté à l'eau, ces moulins voguant rompirent nos ponts, et pas la moitié de notre armée était passée !

La veille, deux jours avant la bataille, l'Empereur quitte le quartier général et couche à Ebersdorf. Bataille engagée.

L'Empereur était passé en personne avec ses aides-de-camp et faisait partie du tiers de l'armée.

Essling, où était le tiers de l'armée. On vient dire à l'Empereur que le pont est rompu sur le grand bras du Danube. L'ennemi nous repousse à travers les bois, sur la petite branche du Danube. L'Empereur traverse le petit pont et revient dans l'île de Lobau, seul avec ses aides-de-camp.

Tout le long de l'île, formidable artillerie, en cas de défaite (trente pièces).

Arrivé dans l'île, il prend fantaisie à l'Empereur de faire sa toilette en plein air : M. Jardin, son piqueur, portait, derrière son cheval, tout le linge dont l'Empereur pouvait avoir besoin. Il s'asseoit par terre et nous l'habillons complètement. En ce moment, un aide-de-camp du général Dorsenne vient demander des munitions :

« Dites-lui que je n'en ai pas. Tout ce qu'il fera sera bien fait. »

Quelques instants après, l'Empereur étant sous un gros arbre, des sapeurs traversent le petit pont, portant le maréchal Lannes, un genou fracassé, l'autre entamé, les bras nus, lui enveloppé dans un manteau. On le pose à cinquante pas du grand arbre. L'Empereur court, et, un genou en terre, se précipite sur son corps, l'embrasse et, sans rien dire, pose sa bouche sur son visage. Le prince de Neuchâtel prend un bras de l'Empereur, le maréchal Duroc, l'autre. On l'arrache de son corps et on le conduit sous l'arbre. (C'était à la brune). On transporte le maréchal Lannes à Ebersdorf ; on le met dans un bateau pour traverser le Danube. Le vice-roi était de l'autre côté, à Ebersdorf. L'Empereur, pleurant, disait : « Ah ! qu'ils me le paieront cher ! »

L'Empereur, seul, avec un escadron polonais. Il avait dit à Dorsenne de tenir ferme.

Le soir, il monte à cheval, il va à la tête du pont brisé qui était sur le grand bras du Danube : arrivé là, tant de blessés sur le rivage, qu'on pouvait à peine passer. L'Empereur passe dans un grand bateau, conduit par les marins de la Garde, et arrive à Ebersdorf. Voilà la nuit. On fait retraite, et l'armée française passe le petit pont et vient prendre position dans l'île Lobau, où étaient les batteries.

L'Empereur va, le lendemain, voir Lannes, qui était à Ebersdorf.

En déjeunant, en dînant, en mangeant sa soupe, les larmes coulaient dans sa cuiller. Il mangeait seul avec Berthier. Nous sommes restés près d'un mois à Ebersdorf.

Pendant cet intervalle, l'Empereur visitait Lannes et un grand hôpital. Il faisait distribuer un napoléon à chaque soldat et cinq aux officiers. Plusieurs refusaient. Dans les autres maisons, où étaient des blessés, Duroc allait porter les mêmes secours.

Le fameux pont était à peu près fait. Il passait à pied. Son entourage d'officiers l'ennuyant, il dit un jour : « Restez, je n'ai besoin que de Roustam et d'une lorgnette. »

Il faisait le tour de l'île, visitait l'armée de Dorsenne, qui attendait que le pont fût fini.

Un jour, à cheval avec l'Empereur, dans l'île Lobau, au bord du petit bras du Danube (on avait ôté le petit pont), l'Empereur apercevait les factionnaires autrichiens. Il avait sa petite lorgnette qui était toujours dans sa poche, et regardait les positions de de l'ennemi. Une balle siffle et frise les oreilles de l'Empereur : « Morbleu ! c'est ton bonnet blanc qui nous trahit! Il faut une autre couleur ! » Et comme la sentinelle rechargeait son arme : « C'est assez comme cela, camarade ! Il fait chaud ici, partons. » Nous rentrons à Ebersdorf. Je vais à cheval à Vienne, pour acheter un turban de couleur. Depuis cette époque, dans toutes batailles, turban de mousseline obscure.

L'île Lobau pleine de cerfs et de daims. On les chassait, un jour (on faisait le pont) : un cerf traverse l'eau et arrive, haletant, à Ebersdorf, dans la cour de la maison de l'Empereur. On le tire. (C'est le corps d'armée de Masséna qui était dans l'île de Lobau).

La veille de la bataille de Wagram, l'Empereur va dans l'île de Lobau, y fait placer sa tente, reçoit un plénipotentiaire, le fait dîner avec lui.

Lui, Berthier, Masséna et l'envoyé autrichien :

« Monsieur l'envoyé, dites à ceux qui vous envoient que, ce soir, à neuf heures (il en était sept), je passerai le Danube. » Au lieu de neuf heures, c'était huit.

L'Empereur avait dit à Masséna : « Vous êtes blessé. Vous resterez ici (il était tombé de cheval). Votre aide-de-camp vous remplacera. — Non, sire, je ne quitte pas mon poste. Je commanderai en calèche. »

On avait fait trois radeaux. A huit heures, commence le passage. Au très petit point du jour, l'Empereur passe, avec son État-major. C'est là qu'il me demanda son petit cordon noir, au bout duquel était un petit cœur en satin noir, qu'il mettait sur son gilet de flanelle, avant sa chemise, grand comme une pièce de trente sous.

Bataille de Wagram. — Au milieu de la journée, le feu était chaud. Masséna était en calèche à quatre chevaux. Ses domestiques n'en étaient pas très contents. Un cheval, derrière sa calèche. Il s'impatiente. Il descend. Au moment même, un boulet la traverse, à l'endroit même où il était assis.

Alors, il monte à cheval. Un étrier étant trop court, il se fâche contre son domestique; il donne un coup de cravache à son domestique, et celui-ci s'éloigne un peu. Un militaire passe. Il dit : « Mon ami, viens raccourcir mes étriers. Pose ton fusil par terre, et dépêche. » Dans ce moment, un boulet enlève l'homme. Et tout le monde de dire : « L'Empereur l'a bien nommé *l'Enfant chéri de la victoire!* »

14 septembre 1812, entrée à Moscou. — 19 octobre, départ de Moscou. — Entré dans Moscou avec 90.000 combattants et 20.000 malades, il en sort avec plus de 100.000

combattants et laisse 1.200 malades. — Le 23 octobre, quartier général à Borowsk. — Le 24, l'Empereur était sur les bords d'un ruisseau et du village Ghorodinia, dans une cabane de tisserand, maison de bois, délabrée, infecte, à une demi-lieue de Malo-Iaroslavetz. — Danger que court l'Empereur : il est attaqué par des Cosaques. Rapp veut l'engager à s'écarter. Il tire son épée et attend les Cosaques. — Le 26 octobre, pleine retraite. — Le 28 octobre, à Mojaïsk, — A quelques lieues de Mojaïsk, la Kolotcha, rivière. Plus loin, la grande abbaye ou l'hôpital de Kolatskoe. — Le soir, la colonne impériale approcha de Gjatz. De Gjatz, l'Empereur gagna Viazma, en deux marches. — 6 novembre. Hiver rigoureux. Pleine déroute. — De Gatz à Mikalewska, village entre Dorogobuj et Smolensk, rien de remarquable. On se défait de tout attirail.

Le 3 et le 4 novembre, l'Empereur avait séjourné à Slawkowo. — Le 5, à Dorogobuj. — Le 6, à la hauteur de Mikalewska, l'Empereur apprend la conjuration d'un général, à Paris. L'Empereur ne répond rien et entre dans une maison palissadée, qui avait servi de poste de correspondance. — Le 9 novembre, l'Empereur à Smolensk. Il s'enferme dans une maison de la Place-Neuve, et n'en sortit que le 14, pour continuer sa retraite. — Horrible disette. — Le 14 novembre, à cinq heures du matin, la colonne impériale quitte Smolensk. — Koritnia, à cinq lieues de Smolensk. — Krasnoï, à cinq lieues de Koritnia. — Lyady, à quatre lieues de Krasnoï.

A deux lieues à droite du grand chemin, coule le Borysthène. — L'Empereur à Koritnia, dans une misérable masure. — Le 17, l'Empereur à Lyady, à quatre lieues du champ de bataille. — Le lendemain, on quitte la vieille Russie. — 19 novembre, Dombrowna, ville de bois. — 20, Orsza. Le Dniéper, fleuve. — D'Orsza à Borizow. — Les 22, 23. Napoléon était dans la Tolotschin. — La Bérésina. C'est le 24 qu'il veut tenter le passage. — Studianka. — 27, passage de la Bérésina. — L'Empereur à la tête de sa réserve à Brilowa. — Le 29, l'Empereur quitte les bords de la Bérésina. — L'Empereur arrive à Kamen. — Le 30, à Pleszenicky. — Le 3 décembre, à Molodetchno. — C'est là que l'Empereur forme le projet de partir pour Paris.

Une journée après le passage de la Bérésina, le 30 novembre, à Pleszenicky, l'Empereur se disposait à manger, mais les soldats d'un régiment avaient pillé la cantine portée sur le dos de trois mulets qui suivaient toujours, portant, sur des paniers attachés aux selles, le vin et le pain ou le biscuit, et les provisions. Sur le dernier de ces mulets était le petit lit en fer qu'on dressait partout et qui était roulé avec un matelas, au travers d'un mulet.

Ces soldats, affamés par des marches continuelles, aperçoivent cette maigre caravane, qui s'achemine sous la conduite de trois gendarmes et de deux hommes de la bouche.

D'un œil de convoitise, ils les voient passer. Mais la faim l'emporte, et les voilà pressant le pas en désordre et s'informant d'où viennent ces provisions et à qui elles sont destinées. Ils le savaient, et, de plus, ils pouvaient lire, sur la couverture, la destination de ces vivres... Mais, encore une fois, la faim!

« C'est à l'Empereur. N'y touchez pas! » Et déjà mille mains rapaces assaillaient les paniers : « L'Empereur n'ordonne pas qu'on meure; au surplus, à sa santé! » Et c'en est fait des provisions qui, du reste, ne firent qu'irriter davantage une faim mal assouvie.

L'Empereur excusa ses soldats ; toutefois il voulut savoir à quel régiment ils appartenaient : « Un jour viendra qu'ils seront dans l'abondance, je les passerai en revue... Mais non, le reproche serait trop cruel : tel jour, vous voliez le pain de votre Empereur ! »

Deux jours avant d'arriver à Smorgoni, à Molodetchno, l'Empereur, qui avait battu en retraite avec l'armée, résolut de la quitter. Il passait la nuit dans un misérable village à Molodetchno. J'étais dans la pièce voisine. J'entendis parler haut. C'était l'Empereur, gourmandant très-haut Berthier qui voulait le suivre : « Je vais en France parce que ma présence est indispensable. — Sire, depuis longtemps, Votre Majesté sait que je veux quitter le service : je suis vieux, emmenez-moi. — Vous resterez, avec Eugène et Murat. » Il insistait : « Vous êtes un ingrat... Vous êtes un lâche! Je vous ferai fusiller, à la tête de l'armée! » Et l'autre sanglotait.

Cette scène eut lieu le 3 décembre. Le lendemain, Berthier se résigna.

APPENDICES

QUELQUES PAGES DE L'ORTHOGRAPHE DE ROUSTAM

Il est né à Tiplise, à la capital de la Gorgi, fis de sier R... Honan, négotien, né le... (*sic*).

Deux ans après, sa néconce a été transporté à Aperkan, un assez fort ville en Herménien, païye natalle de son père. Onze anné après, il a été promené dans un des bien de son père, avec plusier cé camarade, qui été ataqué par plusier Tartare, pour amener avec eu dans leur paiy, et surrement pou le vendres. Plusier de cé camarade été prie par de cé brigand, et lui été échapé dans leur mens. R. R. été perdu, dans cet journé-là, six houre dans les bois, sans pouvoir trouvoire la route pour aller rejoindre sa mère, qu'il émé bien tendrement.

Au même moment, a rencontra un bûcheron dans les bois, qui a bien voulue de conduire auprès de sa mère, qui été dans un inquiétude mortelle, et il ne pas manquet le bucheron de recevoir un bons recompance de la par de sa mère.

Le nombres de famille de sieur R. Honan, est de deux fille et quatres garcons. R. R. été la cadette. Son père a fait un voyage a [illegible]ec cé deux fis, pou son commerce a Gonje, provance de Malique Magolume. Quelque moi après, l'empereur de Persanne a déclaré la guerre contres Abrahim-Kane, qui a été gouverneur de la province de Herménie.

Voilà la cause que R. R. a perdu tout sa famille.

Depuis ce temps là, pour les affairs d'intéré, mon père voulé de c'éloigner de Gonje, et amener avec lui mes deux frère Avack et Séfran et moi, mais j'été trop ataché à ma mère pour m'éloigner d'elle.

Quelque jours après, il acheta un voiture pour son voyage. Le même jour, nous étions à diné, nous a questiona si nous somme contan de faire cest voyage. Mes frère diséque oui, moi je lui dit que non. Il m'a beaucoup questiona pour que je ne veux pas lui suivres. Je lui dit : « Quand j'été pitite, maman m'a bien soigné : elle ma randu toujours bien houreux. Comme je commance, à présent, êtres grand, je disire de mes tourner auprès d'elle pour lui consoler et la randres heureux, si je peu. »

Il a été fore mescontan que je voulées de quiter. Enfin, il n'a pas peut rien gagné sur moi, pour m'amener avec lui.

Il obliger de partir, avec mes deux frère, et il me lessa tout seul dans la ville de Gonje, sans paran et sans fortune.

La ville de Gonje, c'est un trais bons ville et bian riches. Cé là où on fait le pus grand commerce de sois et de caschemire de Perse.

Trois mois après, Abrahim-Kane a déclaré la guerres contre Malique Magolum, où je me trouvé dans la forreteresse de Gonje. Les peuples de la ville sont obliger de rantrer dans la forteresse. Je reste jusqu'à la dernier moment sans pourvoir de sortir dans la forreteresse. On rentrais bien, mais on lessé sortire personnes. Un jours où les mulés de Malique Magolum sorté pour chercher les provision, je me suis fouré dans les gambe des mulés et je me suis sortie de force, de cest manierre-là, sans aucun dangé.

Quand j'été or la porte, je roncontrais deux personne de mon pay, et méme ville. Je leur demandé si je pourais trouverre un aucasion pour m'en tourner auprès de ma mère. Il me dit oui, je conné plusier personnes qui von partier à deux houre de matin pour Aperkan, où j'avais lessé ma pauvres mère et mes deux seure, Mariane et Begzada.

Cé deux bons messier il me montrés la maison où sen les voyagers. Je me suis rendue sur le champ ; il mon trais bien aceuillies. Enfin, tout été convenue de partir à deux houre du matin. En atandant de [illegible] uit, j'été dans un gardans, à côté de la ville, pour chercher quelque lagume pour ma nourriture, car j'avais rien à manger depuis quelque jours. Jai apersu, au lointin un troupeaux de mouton. J'été à la rancontres, pour demander un peut de lais ou de fromage, enfin je me suis aprocher du berger. Il me dit : « Qui tu veux ? — Ce que vous vousdrois : un peut de lais ou de fromage, car voilà plusier jours que j'ai rien mangé. »

Il m'a beaucoup examina, en me demandan le nom de mon pay et celle de mes paran. Je lui dit mon nom et celui de mon pére. Apresa m'a prie dans sé bras, m'a ambrasé du bons cœur, en me disan : « Je suis votres oncle ! Voilà quinze anné que j'ai quité le pay. »

Je me trouvais, dans ce moment-là, bien houreux d'avoir trouvair un protecteur. Enfin, je lui demandé quelque provision, pour mon voyage que je devais faire à deux houre du matin. Il m'a donné deux gros pen et un quantité de rotie. J'ai mis tout sa dans un sac pour rejoindre la maison où été mes compagnon de voyage.

Mon oncle m'a demandé si je voulé rester avec lui jusque je soit plus grand, et j'irais rejoindre ma mère. Je lui dit : « Non, je vous le merci. Jé quité mon père et mes frère, pour rejoindre ma mère. Vous voyé bien que je ne puisse rester avec vous. Je suis sûre ma mère et bien inquète de moi, en particulier, car j'été son enfant gâtés, beaucoup plus que les autres. » Il a bien vu que je ne voulé pas rester avec lui. Il m'ambrasa. Je lui fait mes adieux, et je me suis rendu sur-le-champ, à la rondez-vous de voyagers, le cœur contan en espéran voir ma mère quelque jours après.

DOCUMENTS

SUR LE CORPS DES MAMELOUCKS

Paris, le 21 Vendémiaire an X (13 octobre 1801).

Les Consuls de la République arrêtent :

ARTICLE PREMIER. — Il sera formé un escadron de deux cent quarante Mamelouckx, de ceux venant d'Égypte.

ART. II. — L'aide de camp chef de brigade Rapp en aura le commandement. Il se rendra, à cet effet, à Marseille, pour l'organisation de cet escadron.

ART. III. — Le ministre de la Guerre est chargé de l'exécution du présent arrêté.

Le premier Consul.

Signé BONAPARTE.

Par le premier Consul, le Secrétaire d'État. Signé HUGUES B. MARET,

---

Paris, le 17 Nivôse an X (7 janvier 1802).

Au nom du peuple français.

Bonaparte, premier Consul de la République, arrête :

ARTICLE PREMIER. — Il sera formé un escadron de cent cinquante Mameloucks.

ART. II. — Cet escadron sera organisé comme un escadron de hussards. Il sera commandé par le chef de brigade Rapp.

ART. III. — Les soldats et officiers seront tous pris parmi les Mamelouks, Syriens et Cophtes venant de l'armée d'Orient et qui ont fait la guerre avec l'armée française.

ART. IV. — Il y aura deux officiers français dont l'un sera chargé de l'administration de l'habillement, l'autre de la police et de l'instruction du corps; un quartier-maître français et deux secrétaires interprètes, un par compagnie, qui auront le traitement de caporal fourrier.

ART. V. — Leur solde et leurs masses seront réglées de manière à ce qu'ils ne coûtent pas davantage qu'un escadron de chasseurs de la Garde. A cet effet, on diminuera leur solde pour augmenter leur masse d'habillement.

ART. VI. — Il leur sera donné le même uniforme que portent les Mamelouck, et pour marque de récompense de leur fidélité à l'armée française, ils porteront le turban vert.

ART. VII. — Le Ministre de la Guerre est chargé de l'exécution du présent arrêté.

Le premier Consul. *Signé* BONAPARTE.

Par le premier Consul. Le secrétaire d'Etat.
Signé HUGUES B. MARET.

Le Ministre de la Guerre. *Signé* ALEXANDRE BERTHIER.

Paris, le 11 Germinal an X (1er avril 1802).

Les Consuls de la République arrêtent :

Il sera fourni, par les magasins d'armes de la République, à chaque sous-officier et cavalier de l'escadron des Mameloucks, un armement complet composé ainsi qu'il suit, savoir :

1 carabine.

1 tromblon.

2 paires de pistolets, dont une de ceinture.

1 sabre à la Mamelouck,

1 poignard.

1 masse d'armes.

1 lance pour une compagnie de lanciers non encore déterminée.

1 poire à poudre en corne pour amorcer, avec une baguette de fer.

Le Ministre de la Guerre est chargé de l'exécution du présent arrêté.

Le premier Consul.

Signé Bonaparte.

Par le premier Consul, le Secrétaire d'Etat.

Signé Hugues B. Maret.

Le Ministre de la Guerre.

Signé Alexandre Berthier.

Paris, le 25 Germinal an X (15 avril 1802).

Les Consuls de la République arrêtent ce qui suit :

Article I. — Le corps des Mameloucks, créé par arrêté du 17 Nivôse dernier, sera composé d'un état-major d'officiers, sous-officiers ou artistes français de deux compagnies formant un escadron de Mameloucks.

Art. II. — L'état-major et les compagnies seront composés ainsi qu'il suit :

ÉTAT-MAJOR

Un chef de brigade.
Un capitaine chargé de l'administration de l'habillement et police du corps.
Un quartier-maître.
Un officier de santé de 1re classe.
Un lieutenant instructeur.
Un adjudant sous-officier.
Un artiste vétérinaire.
Un trompette brigadier.
Un maître sellier.
Un maître tailleur.
Un maître bottier.
Un maître armurier.
Total : 5 officiers, 7 sous-officiers, artistes ou ouvriers.

COMPAGNIE

Un capitaine.
Un lieutenant en premier.
Un lieutenant en second.
Un sous-lieutenant.
Un maréchal des logis chef.
Quatre maréchaux des logis.
Un fourrier-interprètre.
Huit brigadiers.

Deux trompettes.
Cinquante-neuf Mamelouks.
Un maréchal ferrant.
Total : 4 officiers, 76 sous-officiers ou Mamelouks.

Art. III. — L'habillement et l'armement du corps des Mamelouks seront ceux qu'ils portaient en Égypte. Ils seront montés comme les troupes légères, et pour marque de récompense de leur fidélité à l'armée française, ils porteront le chouck vert et le turban blanc.

Art. IV. — Il sera payé, pour la première mise des officiers compris dans l'organisation ci-dessus, la somme de dix-huit cents francs, et celle de mille francs à chaque sous-officier et Mamelouck.

Art. V. — Il sera fourni, à chaque officier nouveau, deux chevaux, et un à chaque sous-officier et Mamelouck, du prix de six cents francs chacun.

Art. VI. — La solde et les masses seront payées à l'effectif d'après les revues de l'inspecteur et dans les proportions suivantes :

SOLDE

Au chef de brigade	9600	fr.
Au capitaine chargé de l'habillement et de la police	4000	»
Au quartier-maître capitaine . .	4000	»
A l'officier de santé	3600	»
Au lieutenant instructeur. . . .	2700	»
A l'adjudant sous-officier. . . .	1200	»
A l'artiste vétérinaire	1800	»
Au trompette brigadier.	700	»
A chaque maître ouvrier. . . .	800	»

A chaque capitaine	4000	»
A chaque lieutenant en premier.	2700	»
A chaque lieutenant en second .	2000	»
A chaque maréchal des logis chef	1000	»
A chaque maréchal des logis ou fourrier	900	»
A chaque brigadier	700	»
A chaque trompette ou maréchal ferrant.	650	»
A chaque Mamelouck	450	»

MASSES

De boulangerie	68 fr. 40
De chauffage, à quatre centimes par jour d'été, à huit centimes par jour d'hiver. Le double pour les sous-officiers.	
D'hôpital.	24 »
De casernement	24 »
D'habillement. Deux cent soixante francs quarante centimes par sous-officier et Mamelouck.	260 fr. 40
A trois cent un francs quatre vingt quinze centimes par trompette.	301 fr. 95
D'entretien	30 »
De ferrage	500 fr. 40
De remonte.	100 »
De ferrage	29 fr. 70

Art. vii. — Il sera, en outre, admis à la solde, les vieillards, femmes et enfants de familles mameloucks qui ont suivi, en France, leur parents formant les deux compagnies ci-dessus, dont l'état nominatif avec le tarif et leur solde est annexé au présent arrêté. Les enfants mâles feront le service de Mameloucks, lorsqu'ils auront atteint l'âge de seize ans, prescrit par l'arrêté du 7 thermidor an VIII. Alors ils recevront la première mise mentionnée dans l'Art. 3.

. . . .

. . . .

Art, xvi. — Le nombre de chevaux du corps des Mameloucks qui auront droit aux masses de fourrages, remontes et ferrage, est réglé ainsi qu'il suit, savoir :

Pour le chef de brigade, 8.

Au capitaine chargé de l'administration, et de la police, 4.

A chacun des autres capitaines et lieutenants instructeurs, 3.

A chaque lieutenant, sous-lieutenant et officier de santé, 2.

A chaque sous-officier ou Mamelouck, 1.

Les maîtres tailleur, bottier et armurier ne seront point montés, ainsi que les enfants et les réfugiés.

Art. xvii. — Le Ministre de la Guerre donnera des ordres pour qu'il soit fourni, des arsenaux de la République, l'armement prescrit, aux sous-officiers et Mameloucks. Il en donnera aussi pour l'établissement des casernes et des corps de garde qu'ils doivent occuper.

. . . .

Art. xx. — Le ministre de la Guerre, le directeur de l'administration de la Guerre et du Trésor public sont chargés de l'exécution du présent arrêté.

Le premier Consul.

Signé BONAPARTE.

Par le premier Consul, le secrétaire d'État.

Signé HUGUES B. MARET.

Le Ministre de la Guerre.

Signé BERTHIER.

Du 25 Germinal an X (15 avril 1802).

Bonaparte, Premier Consul de la République.

Arrête que les officiers ci-dessous dénommés seront employés, chacun dans son grade, à l'escadron des Mameloucks.

PREMIÈRE COMPAGNIE

Ibrahim, capitaine.
Jean Renno, lieutenant.
Chahin, lieutenant en second.
Soliman, sous-lieutenant.

DEUXIÈME COMPAGNIE

Saloume Sahahoubé, capitaine.
Daoud Habaïby, lieutenant.
Elias Messad, lieutenant en second.
Abdallah Dasbonne, sous-lieutenant.

Les trois officiers composant l'état-major de l'escadron, sont :

Charles Delaitre, capitaine quartier-maître.
Edouard Colbert, capitaine adjudant-major.
Mareschal, lieutenant instructeur.
Mauban, officier de santé de 1re classe.

Le Ministre de la Guerre est chargé de l'exécution du présent arrêté.

Signé BONAPARTE.

Les Consuls de la République arrêtent :

ARTICLE PREMIER. — Il sera accordé une somme de seize cents francs à chaque sous-officier et cavalier mamelouck, pour son équipement, habillement, harnachement, y compris l'achat du cheval.

ART. II. — Cette somme sera payée à l'effectif des hommes composant l'escadron, et d'après la revue de l'Inspecteur.

ART. III. — Les Ministres de la Guerre, des Finances et du Trésor public, sont chargés de l'exécution du présent arrêté.

Le premier Consul.

Signé BONAPARTE.

Les Consuls de la République arrêtent :

ARTICLE PREMIER. — Il sera accordé une gratification de dix-huit cents francs à chacun des officiers de l'escadron des mameloucks.

ART. II. — Cette somme sera payée à l'effectif, d'après la revue de l'Inspecteur.

Art. III. — Les Ministres de la Guerre, des Finances et du Trésor public sont chargés de l'exécution du présent arrêté.

Le premier Consul.

Signé Bonaparte.

MINISTÈRE DE LA GUERRE

Dépôt des réfugiés, Récapitulation de l'effectif au 1er avril 1811.

Réfugiés :	8	de 1re classe.
—	18	de 2e —
—	108	de 3e —
—	297	de 4e —
Réfugiés :	431	payés à Marseille.
—	27	payés à Paris (1 à Corfou).
Effectif :	458	

Etat nominatif des vieillards, femmes et enfants de familles mamelouchs, réfugiées en France, avec le tarif du traitement qui leur est accordé.

10 mai 1811.

1. Abou Kralil, 1800.
2. Samain Ibrahim, 1800.
3. Couroulous, 900.
4. Anna Cousty, 900.
5. Abon Ebbé Ramalnoué, 900.
6. Joseph Caphtini, 900.

7. Ibrahim Samain, 900.
8. Ouardé, femme du capitaine Saloume, 900.
9. Marianna, femme du capitaine Ibrahim, 900.
10. Sarra, femme du lieutenant Daoud, 900.
11. Enné, femme de Samain Ibrahim, 900.
12. Sadda, femme d'Ibrahim Samain, 900.
13. Alloÿ, femme de Couroulous, 900.
14. Almas, femme d'Ibrahim Habaïbi, 900.
15. Lucie, femme de Seliman, 900.
16. Marie-Anne, femme de Guirguès Elbateloy, 900.
17. Angélique, femme de Guirguès Koury, 900.
18. Marie, femme d'Anna Selladar, 900.
19. Madelaine, femme de Pierre Gayardelle, 900.
20. Zarra, mère d'Antoine et Pètre Ayache, 900.
21. Anna, femme de Joseph Hermany, 900.
22. Maria, négresse, 900.
23. Ouardé, fille d'Enné, 900.
24. Catherine, fille de Madelaine, 900.
25. Maria, fille de Tannos Zoumero, 450.
26. Céleste, fille de Madelaine, 450.
27. Maria, petite fille de Pillador, 450.
28. Michel, garçon d'Anna, 450.
29. Baptiste, garçon de Madeleine, 450.
30. Raol, garçon d'Ibrahim, 450.
31. Joseph, garçon d'Almas, 450.
32. Ibrahim, garçon du chef d'escadrons Hamaouy, 450.
33. Habaïby, garçon du chef de brigade.
34. Ouardé, fille du chef d'escadron Hamaouy.
35. Chanine, fille du chef de brigade.
36. Mazonne, fille du même.

Résultat :

2 vieillards à 1.800	3.600
5 autres à 900.	4.500
15 femmes à 900	13.500
2 filles à 900	1.800
3 autres à 450.	1.350
4 garçons à 450.	1.800
2 autres.	
3 filles.	
Total.	26.550

Certifié conforme. Le Secrétaire d'État,
Signé : HUGUES B. MARET.

Le ministre de la Guerre,
Signé : ALEX. BERTHIER.

État nominatif des réfugiés égyptiens qui réclament la bienveillance du Premier Consul pour être compris à la suite de l'escadron des Mameloucks, avec le traitement qu'il voudra bien désigner ci-après.

Marie Solon, femme de Petro Sera, Mamelouck, mariée le 1er Nivôse an XI, n'a touché aucun traitement depuis son arrivée en France, 1 fr. 50.

Joseph Ibrahim, fils du capitaine Ibrahim, porté à la dernière solde, né à Melun le 20 nivôse an XI, 0 fr. 62 1/2.

Joseph, fils de Lucie, femme égyptienne réfugiée, portée à la demi-solde, né à Melun le 11 vendémiaire an XI, 0 fr. 62 1/2.

Hélène Baraka, égyptienne, femme du citoyen Dargevel. Elle réclame le traitement accordé aux autres femmes ; elle n'en a touché aucun depuis son arrivée en France, pour elle ni pour son fils Théodore Baraka, 2 fr. 50.

Joubran Hamaouy, fils du chef d'escadron Hamaouy. Venant en France, il ne touchera son traitement que lors de sa présence à Melun, 1 fr. 50.

Izakarus, prêtre grec réfugié, ayant rendu d'importants services à l'armée française et ayant sauvé plusieurs militaires de cette nation, lors de l'insurrection de Naples. Il est porteur de certificats qui attestent ses droits à la bienveillance du gouvernement, 2 fr. 50.

Hélène Renno, mère de Jouane Renno, lieutenant dans l'escadron de Mameloucks. Hélène Renno a été forcée de quitter Saint-Jean d'Acre après la mort de son mari, récemment massacré par Djezzar Pacha, dont il était médecin. Elle est à Marseille. Son fils réclame pour elle une pension, comme réfugiée égyptienne, 2 fr. 50.

Anna Kassis, prêtre grec employé momentanément à la commission des Arts. Il ne jouira de son traitement qu'au moment où il cessera d'être employé à cette commission et qu'il sera présent à Melun, 1 fr. 50.

Michel Abeyde, négociant syrien de Saint-Jean d'Acre. N'ayant point été en Égypte, obligé de quitter Naples où tous ses biens ont été confisqués sur le soupçon d'être agent secret du gouvernement français, il réclame un traitement pour subsister. Les pièces à l'appui de la demande ont été présentées au Conseil d'administration du corps et attestent suffisamment ses droits, 1 fr. 25.

Jouanne, fils du lieutenant Daoud, né le 21 messidor an XI, pour lequel on réclame la demi-solde, 0 fr. 62 1/2.

Marie, fille de Séraphine, brigadier mamelouck, née le 4 Thermidor an XI, pour laquelle on réclame la demi-solde, 0 fr. 62 1/2.

Marianne Aflisa, mingrélienne, ci-devant esclave d'Ibrahim bey, revenue avec la veuve du général de brigade Galbaut, n'a perçu aucun traitement depuis son arrivée en France. Elle ne jouira de celui qui lui sera accordé que lors de sa présence à Melun, 1 fr. 62 1/2.

Ayoubé, fils du chef de brigade Jacob, né le 6 fructidor an XI, pour lequel il réclame la demi-solde, 0 fr. 62 1/2.

Anne, fille du capitaine Ibrahim, née le 2 frimaire an XII, pour laquelle il réclame la demi-solde, 0 fr. 62 1/2.

Hélène, fille de Barthélemy, Mamelouck, née le 17 frimaire an XII, pour laquelle il réclame la demi-solde, 0 fr. 62 1/2.

Constantin, fils d'Ibrahim, Marie, fille de Joseph Riche, enfants nés du 1er au 16 pluviôse an XII, 0 fr. 62 1/2.

Vu, bon à faire solder conformément au présent tableau.

Paris, le 13 pluviôse an XII de la Rpublique (3 février 1804.)

Le Premier Consul.

Signé Bonaparte.

Par le premier Consul, le secrétaire d'Etat.

Signé Hugues B. Maret.

Le Ministre de la Guerre.

Signé Alex. Berthier.

Bonaparte, premier consul de la République, arrête :

Le citoyen Rapp, chef de brigade, est nommé chef de brigade du 7e régiment de hussards, en remplacement du citoyen Marisy, nommé général de brigade.

Le citoyen Dupas, adjudant supérieur du palais, est nommé chef de brigade de l'escadron des Mameloucks, en remplacement du citoyen Rapp.

Le Ministre de la Guerre est chargé de l'exécution du présent arrêté.

Signé BONAPARTE.

GARDE DES CONSULS. CONTRÔLE.

CORPS DES MAMELOUCKS

Etat-major.

Dupas, commandant.

Colbert, capitaine adjudant major.

Delaitre, capitaine quartier-maître.

Maréchal, lieutenant instructeur.

Mauban, officier de santé de 1re classe.

Compagnies.

Capitaines : 1re compagnie, Ibrahim. 2e compagnie, Saloume Sahahoubé.

Lieutenants en premier : 1re compagnie, Renno. 2e compagnie, Habaïby.

Lieutenants en second : 1re compagnie, Chahin, 2e compagnie, Massad.

Sous-lieutenants : 1re compagnie, Soliman. 2e compagnie, Abdallah.

---

3 Nivôse an XII (25 décembre 1803).

Bonaparte, premier Consul de la République, arrête :

ARTICLE PREMIER. — L'escadron des Mameloucks ne formera plus qu'une compagnie qui sera sous les ordres du colonel des Chasseurs à cheval de la Garde.

ART. II. — Cette compagnie sera composée de :

1 capitaine commandant, 1 adjudant sous-lieutenant, 1 chirurgien-major, 1 artiste vétérinaire, 1 maître sellier, 1 maître tailleur, 1 maître bottier, 1 maître armurier, français.

2 capitaines, 2 lieutenants en premier, 2 lieutenants en second, 2 sous-lieutenants mameloucks.

1 maréchal des logis chef français, 8 maréchaux des logis, dont 2 français, 1 fourrier français, 10 brigadiers dont 2 français, 2 trompettes, 2 maréchaux-ferrants, 85 mameloucks français.

ART. III. — Les vieillards, les femmes et enfants de la même nation, réfugiés près de cette compagnie, recevront, sur la revue de l'Inspecteur aux revues de la Garde, les secours qui leur ont été accordés, et dont l'état nominatif sera arrêté par le premier Consul.

ART. IV. — Tous les hommes hors d'état de service qui se trouvent dans l'escadron, seront portés sur le tableau des réfugiés et traités comme eux.

Les uns et les autres recevront, en outre, la masse d'hôpital.

ART. V. — Le Conseil d'administration des Chasseurs à cheval est chargé de la comptabilité de cette compagnie.

Art. vi. — Les masses et la solde des Mameloucks seront les mêmes.

Art. vii. — Les fonds provenant de l'ancienne administration des Mameloucks seront versés dans la caisse des Chasseurs à cheval, et tous les registres et papiers appartenant à cet escadron seront remis entre les mains du quartier-maître, trésorier, après que la comptabilité aura été vérifiée par l'Inspecteur aux revues.

Art. viii. — Les officiers français de cette compagnie pourront porter l'uniforme bleu, avec l'aiguillette, quand ils ne seront point de service, ou à la tête de leur troupe, tel qu'il leur a déjà été permis de le porter.

Art. ix. — Le citoyen Maréchal, adjudant major, instructeur de l'escadron des Mameloucks, sera employé dans la ligne, ou dans un des états-majors de l'armée.

Art. x. — Le citoyen Delaître, capitaine de l'escadron des Mameloucks, est nommé capitaine commandant la nouvelle compagnie.

Art. xi. — Le citoyen Rouyer, adjudant sous-officier des Mameloucks, est nommé adjudant sous-lieutenant.

Art. xii. — Le Ministre de la Guerre est chargé de l'exécution du présent arrêté.

Le premier Consul.

Signé Bonaparte.

15 avril 1806.

Art. I. — La Garde impériale sera composée de :

. . . .

Art. XIII. — Il y aura une compagnie de Mameloucks attachée au régiment des Chasseurs à cheval de la Garde.

Les réfugiés Mameloucks qui sont à Melun seront envoyés à Marseille, où ils jouiront des mêmes avantages et seront payés de la même manière que par le passé.

Cette compagnie de Mameloucks sera composée de :

1 chef d'escadrons, commandant.
1 capitaine instructeur
1 adjudant lieutenant en second
1 porte-étendard lieutenant en second
1 chirurgien-major
1 artiste vétérinaire
1 maître sellier
1 maître armurier
1 maître bottier
1 maître tailleur
1 brigadier trompette
} *français.*
2 capitaines.
2 lieutenants en premier.
4 lieutenants en second.
1 maréchal des logis chef, *français.*
8 maréchaux des logis, dont 2 *français.*
1 fourrier *français.*
4 porte-queue.
12 brigadiers, dont 2 *français.*
100 Mameloucks.
4 trompettes *français.*
2 maréchaux-ferrants *français.*

Au palais des Tuileries, le 29 janvier 1813

Napoléon, empereur des Français, etc.

Nous avons décrété et décrétons ce qui suit :

ARTICLE PREMIER. — Le cadre actuel de la compagnie des Mamelouks de notre Garde formera celui d'un escadron de même arme, et au complet de 250 hommes.

ART. 2. — L'escadron sera porté au complet par des hommes désignés à cet effet sur le dixième de ceux offerts par les départements de l'Empire, et qui doivent être choisis pour le recrutement des Chasseurs à cheval de notre Garde.

ART. 3. — Tous les Mamelouks qui font actuellement partie de la compagnie, et ceux ayant les qualités requises qui seront choisis dans la cavalerie de l'armée, pour le recrutement, jouiront de la solde actuelle des Mamelouks et seront désignés sous le nom de *premiers Mamelouks*.

ART. 4. — Les Mamelouks provenant du recrutement offert par les départements seront désignés sous le nom de *seconds Mamelouks*. Ils ne toucheront que la solde de la cavalerie de la ligne, avec le supplément accordé aux troupes de la garnison de Paris.

ART. 5. — Notre ministre de la Guerre est chargé du présent décret.

Signé : NAPOLÉON.

Par l'Empereur, le Ministre Secrétaire d'État,
Signé : Comte DARU.

Le ministre de la Guerre,
Signé : Duc de FELTRE.

AN 1813. GARDE IMPÉRIALE. MAMELOUCKS

Tarif des matières employées à la confection des effets d'habillement, d'équipement, etc., à fournir à chaque Mamelouck, lors de son admission au corps, avec l'indication du prix et la durée de chacun de ces effets.

Yaleck de drap. — Drap de diverses couleurs, seconde qualité (première qualité pour sous-officier). Toile blondine. Boutons à grelots. Soutache en laine (en laine et or pour sous-officier et trompette). Tresse plate (*Idem*). Ganse carrée (*Idem*). Façon : 41 fr. 33.

On emploie, en plus, 1^{m},38 en or de dix lignes pour sous-officier chef, 0^{m},65 *idem* pour sous-officier ordinaire, 0^{m},48 *idem* pour maréchal ferrant, 1^{m},38 *idem* en laine pour brigadier. — Durée : trois ans.

Fermelet. — Drap écarlate, 1re qualité, blicourt de diverses couleurs, ganse carrée en laine (en or et laine pour sous-officier et trompette), soutache *idem* (22^{m},52 en or et laine pour sous-officier et trompette), bouton à grelots, façon : 20 fr. 02. — Durée : trois ans.

Charoual. — Drap amarante de seconde qualité, toile écrue, basane rouge, tresse de 0^{m},054 pour coulisse, ganse carrée en laine (en or et laine pour sous-officier et trompette), tresse plate en laine (*Idem*), façon : 75 fr. 85. — Durée : trois ans.

Bonnet de police. — Drap bleu impérial troisième qualité (deuxième qualité pour sous-officier, bleu de ciel troisième qualité pour trompette), drap cramoisi deuxième qualité (première qualité pour sous-officier), toile écrue (0^{m},24 toile blondine pour sous-officier), galon en laine de 0^{m},034 (en or de dix lignes pour sous-officier), croissant (en or pour sous-officier), cordonnet rond en laine (en or et laine pour sous-officier), gland en laine (en or et laine pour sous-officier), façon : 8 fr. 14. — Durée : dix-huit mois.

Pantalon d'écurie. — Drap gris de quatrième qualité, toile écrue, boutons d'os, basane noire, façon : 16 fr. 93 1/3. — Durée : dix-huit mois.

Gilet d'écurie. — Drap bleu de troisième qualité (bleu de ciel pour trompette), toile écrue, gros boutons, façon : 25 fr. 40. — Durée : dix-huit mois.

Manteau. — Drap gris de quatrième qualité, garnitures de brandebourgs, ruban gris, toile forte d'Abbeville, façon et trois agrafes : 78 fr. 42. — Durée six ans.

Pantalon de treillis. — Toile écrue, treillis de trois quarts, boutons d'os, peau de veau pour sous-pieds, façon : 7 fr. 64. — Durée : dix-huit mois.

Ceinture. — Ray de castor bleu ou maroc, frange bleue, façon : 11 fr. 61. — Durée : dix-huit mois.

1 cahouk garni, 27 fr. Durée : trois ans.

1 schal blanc compris dans le cahouk, 4 fr. 50. Durée : dix-huit mois.

1 schal de couleur, 4 fr. 50. Durée : dix-huit mois.

1 plumet, compris dans le cahouk, 1 fr. 50. Durée : dix-huit mois.

1 étui de plumet, compris dans le cahouk, 0 fr. 50. Durée : dix-huit mois.

1 couvre cahouk, compris dans le cahouk, 3 fr. 75. Durée : dix-huit mois.

2 paires de bottes, 36 fr. Durée : un an.

1 cordon de sabre, 12 fr. Durée : deux ans.

1 kobourg avec son cordon, 15 fr. Durée : quatre ans.

1 paire de gants de daim, 3 fr. 75, (3 fr. en mouton façon de daim). Durée : dix-huit mois.

1 porte-carabine garni, 7 fr. Durée : quatre ans.
1 porte-giberne, 4 fr. 50. Durée, quatre ans.
1 giberne, 4 fr. 50. Durée : quatre ans.
1 couvre-platine, 3 fr. Durée : trois ans.
2 paires d'éperons, 5 fr. Durée : trois ans.
1 cordon de pistolets, 3 fr. Durée : deux ans.
1 selle garnie et équipée, 78 fr. 70. Durée : six ans.
1 paire d'étriers, 24 fr. Durée : six ans.
1 bride et ses rênes, 9 fr. Durée : six ans.
1 filet en cuir, 3 fr. Durée : six ans.
1 filet en laine, 5 fr. Durée six ans.
1 licol de parade et longe, 4 fr. 50, Durée : quatre ans.
1 licol d'écurie et longe, 5 fr. Durée : trois ans,
1 surfaix en cuir, 6 fr. Durée : quatre ans.
1 martingale, 1 fr. 30, Durée : trois ans.
1 mors de bride, 9 fr. Durée : six ans.
1 caveçon, 7 fr. Durée : trois ans.
1 montant de caveçon, 1 fr. Durée : trois ans.
1 bridon d'abreuvoir, 3 fr. 50. Durée : trois ans.
1 botte de carabine, 2 fr. 50. Durée : quatre ans.
1 couverture de laine, 10 fr. Durée : six ans.
1 sac à avoine, 3 fr. 14. (Première mise).
1 musette complète, 6 fr. 45. (Première mise; on remplace celle qui a servi à panser un cheval farcineux).
2 mouchoirs de poche, 1 fr. 50. (*Idem*).
1 baguette de carabine en fer et à grenadière, 1 fr. 75. Durée : quatre ans.
1 sabre, 1 carabine, 1 paire de pistolets d'arçon, 1 paire de pistolets de ceinture, 1 hache, 1 masse, 1 poignard, 1 maillet, 1 dragonne en cuir, fournis par le gouvernement.

Pelisse de sous-officier. — Drap bleu impérial seconde qualité, toile blondine, toile écrue, toile forte, flanelle pour doublure, gros boutons (2 douzaines), moyens boutons (6 douzaines), olive en laine jaune, ganse carrée *id.*, cordon *id.*, soutache *id.*, tresse plate *id.*, bordure noire (en agneau), galon en or de 0m,023, façon, 73 fr. 46. Durée : trois ans.

Pantalon en matelot. — Drap bleu impérial 2e qualité, toile blondine, façon, 42 fr. 08. Durée : trois ans.

Habit à la française. — Drap bleu impérial 2e qualité, serge blanche, toile blondine, toile écrue, toile forte, galon en laine de 0m,009, tresse plate, or et laine pour sous-officier et trompette, gros boutons, petits boutons, aiguillette et trèfle (en or et laine pour sous-officier et trompette), garniture de croissant (en or pour sous-officier), façon, 67 fr. 53. Durée : deux ans.

Gilet rouge uni. — Drap cramoisi, 1re qualité, tricot écru, serge blanche, toile écrue, petits boutons, façon, 24 fr. 91. Durée : deux ans.

Hongroise unie. — Drap bleu impérial 2e qualité, toile blondine, façon, 33 fr. 20. Durée : dix-huit mois.

Pantalon garni en basane. — Drap bleu impérial 2e qualité, drap cramoisi 2e qualité, toile écrue, boutons massifs, basane noire, façon, 45 fr. 04. Durée : dix-huit mois.

Redingote de sous-officier. — Drap bleu impérial 2e qualité, toile blondine, galon en or de 0m,023, gros boutons sur bois, petits boutons sur bois, façon, toile forte, 85 fr. 33. Durée : deux ans.

Porte-manteau. — Drap cramoisi, drap bleu 3e qualité, treillis de trois quarts de large, galon vert de 0m,027, façon et cache-éperons, 22 fr. 66. Durée : quatre ans.

Housse de drap. — Drap bleu 3e qualité, treillis de trois quarts, galon cramoisi de 0m,034, frange *idem*, façon et entre-jambes, 43 fr. Durée : trois ans.

Prix total par effet : 1050 fr. 03.

Additions.

Trompette, 39 fr. (l'embouchure seule coûte 3 fr.).
Cordon de trompette, 17 fr.
Totaux généraux : 1106 fr. 03.

Arrêté par nous, membres composant le conseil d'administration en séance.

A Paris, le quinze décembre mil huit cent douze.

PERRIER, MENEBACQ, BLANDIN.

Vu par le sous-inspecteur aux revues.

Paris, le 30 septembre 1817.

LASSALLE.

LISTE DES MAMELOUCKS DE LA GARDE

ORIGINAIRES D'ORIENT.

Le « Registre matricule » des Mameloucks de la Garde impériale, conservé aux Archives administratives de la Guerre, ne contient pas moins de 582 noms. La liste en a été dressée en 1816 et close à Paris, le 25 mai de la même année, par le sous-inspecteur aux revues, Lesalle.

Nous en avons extrait les noms et états de services des Mameloucks nés en Orient, laissant de côté les

Européens qui, d'ailleurs, n'ont guère commencé à faire partie de ce corps qu'en 1809.

Comme, à peu d'exceptions près, elle ne contient que des noms de soldats, de brigadiers et de sous-officiers, nous avons dû recourir aux dossiers personnels des officiers, pour y trouver leurs états de services.

Même ainsi, nous ne pouvions nous flatter d'avoir dressé une liste complète des Mameloucks d'Orient, et nous avons dû consulter d'autres documents pour combler, au moins en partie, les lacunes du registre.

Chaque fois qu'il a été possible de le faire, nous avons reproduit en abrégé : 1° La date de naissance ; 2° Le lieu de naissance ; 3° La date de l'entrée au service, ou celle de l'admission dans le corps des Mamelouks ; 4° Les campagnes ; 5° Les blessures ; 6° Les promotions et décorations ; 7° La date de la mort ou de l'admission aux réfugiés de Marseille.

N. B. — Nous avons imprimé, avec l'orthographe du registre, les noms des villes qu'il ne nous a pas été possible d'identifier.

ABDALKER. — Né en 1788. Darfour (Afrique). Admis 1810[1]. Marseille, 1813[2].

ABDALLAH (ABEL). — Benout (Egypte). Admis, 1808. Campagnes : 1810, 1811, 1813.

ABDALLAH MANSOUR. — 1774. Jaffa (Syrie). An VIII. Marseille, an XII[3].

[1] C'est à dire « admis au corps des Mameloucks, en 1810. »

[2] C'est-à-dire « admis aux réfugiés de Marseille en 1813 ».

[3] Conformément aux indications de la note de la page précédente, il faut lire : « Né en 1774, à Jaffa (Syrie).

Abdallah, nègre. — Darfour (Afrique). Admis, 1808. Campagnes : 1810, 1811, 1813. Mort à Mayence, 1813.

Abdallah Dasbonne. — 1776. Bethléem. Guide interprète à l'état-major de l'armée d'Orient, an VI ; sous-lieutenant, an X ; lieutenant, an XIV ; capitaine instructeur, 1811 ; chef d'escadrons au corps des chevau-légers lanciers, 1814 ; officier d'ordonnance du général Boyer à Oran, 1831 ; commandant de la place d'Arzew, 1833 ; retraité, 1835. Campagnes : Ans VI, VII, VIII, IX, XII, XIII, XIV, 1806, 1807, 1808, 1809, 1810, 1811, 1812, 1813, 1814, 1830 (comme interprète), 1831, 1832, 1833. Blessé à Héliopolis, an VII ; à Eylau (1807) ; à Altenbourg, d'un coup de lance à la poitrine en sauvant la vie au colonel Kirmann ; à Weimar (1813) ; à Hanau (1813). Chevalier de la légion d'honneur, 1804 ; officier, 1832 ; chevalier de Saint-Louis, 1815. Doté de 500 francs, 1808.

Abdé Faraggie. — An VIII. Aux réfugiés, an X.

Abdelmalek Assat. — Le Caire. Admis, 1808. Campagnes, 1810, 1811. En arrière sans nouvelles, décembre 1812.

Abdelmalek (Ibrahim), — Le Caire. Admis, 1808. Campagnes : 1810, 1811.

Abou Embar. — 1779. Chefa-Omar (Syrie). An VIII. Brigadier, an X. Mort à Varsovie, 1807.

Abou Sahoud. — 1780. Le Caire. Entré au service, an X. Aux réfugiés, 1806.

Abouagini (Anna). — 1777. Nazareth (Syrie). An VII. Campagnes : Ans VII, VIII, IX, XIV, 1806, 1807, 1808, 1809, 1810, 1811. Aux réfugiés, 1813.

Entré au service le 1er messidor an VIII, époque de l'organisation en Egypte, des compagnies de Janissaires. Admis au nombre des réfugiés de Marseille en l'an XII. »

ABOUGUINE (ANNA). — 1777. Saïd (Egypte). Admis, 1809. Campagnes : 1810, 1811. Marseille, 1813.

ABOUKAS (GUIRGUÈS).

ABOURANEM ASEF. — 1777. Biscant. An VIII. Marseille, an XII.

ABOUSKAUS (GUIRGUÈS). — 1775. Béthléem. An VIII. Marseille, an XII.

AKAOUI Boulous. — 1776. An VIII. Marseille, an XII.

AKEL (FRANÇOIS). — 1754. Damann (Syrie). An VIII. Réformé, an X.

AKEL (FRANÇOIS). — 1761. Marseille, 1806. Maréchal des logis.

ALABI (ABDALLAH). — 1766. Alep (Syrie). An VIII. Réformé, an X.

ALABI (ANTOINE). — 1778. Siout (Egypte). An X. Campagnes : An XIV, 1806, 1807, 1808, 1809, 1810, 1811. D'après le jugement du tribunal de première instance de Melun du 22 octobre 1812, ce militaire se nomme Avad (Antoine), fils d'Antoine Avad et dame Hannoné, né le 15 août 1781, dans la Haute-Egypte. Brigadier, 1807. Marseille, 1811.

ALABI (GUIRGUÈS). — 1783. Alep (Syrie). An VIII. Marseille, an XII.

ALABI (MICHEL). — 1781. Latakieh (Syrie). Entré au service le 4 ventôse, an X. Aux réfugiés, 1806.

ALAK (PETRUS). — 1775. Jérusalem. An VIII. Mort à Madrid, le 24 janvier 1809.

ALI. — An VIII. Campagnes : Ans VIII, IX, XIV, 1806, 1807. Rayé pour longue absence, 1813.

ALI ALCHÉRI.

ALI Assenne. — Le Caire. Admis, 1808. Marseille, 1811.

ALI, nègre. — 1778. Darfour (Afrique). Admis, an X.

Campagnes : An XIV, 1806, 1807. Blessé à Eylau (1807). Marseille, 1813.

Amont (Anna). — 1742. Bethléem. An VIII. Réformé, an X.

Amont (Guirgues). — 1776. Bethléem. An VIII. Réformé, an X.

Amont Issa. — 1789. Bethléem. An VIII. Marseille, an XII.

Amont Issa. — Bethléem. Admis, 1808. Campagnes : 1810, 1811. Congédié, 1814.

Anastaci Angély. — 1781. Le Caire. Admis, an X. Campagnes : An XIV, 1806, 1807, 1808, 1809, 1810, 1811, 1812, 1813. Prisonnier à Leipsig (1813). Maréchal des logis, 1813. Rayé le 31 décembre 1813, pour longue absence.

Anastaci Jouanny. — 1777. Lunemoussy (Asie). Admis, an X. Campagnes : An XIV, 1806, 1807, 1808, 1809, 1810, 1811. Porte-queue [1], 1809. Congédié, 1814.

Angely (Michel). — Alep (Syrie). Admis, 1808. Campagnes : Ans VII, VIII, IX, X, 1810, 1811, 1812, 1813, 1814. Blessé deux fois en Egypte. Brigadier, 1813.

Annanagar Géorgie. — Le Caire. Admis, 1808. Campagnes : 1810, 1811, 1812. Prisonnier, 11 octobre 1812.

Annette. — 1776. Salihieh (Egypte). Admis, 1813.

Arménie Bogdassar. — 1775. En Arménie. An VIII. Campagnes : Ans VIII, IX, XIV, 1806, 1807, 1808, 1809, 1810, 1811. Porte-queue. Brigadier le 12 avril 1811.

Arménie (Jacob). — 1776. En Arménie. An VIII. Mort à l'hôpital de Melun, le 30 thermidor, an XII.

[1] C'est-à-dire porte-étendard. On sait que, dans le drapeau des Mameloucks, figurait une queue de cheval.

Arménie (Joseph). — 1759. En Arménie. An VIII. Réformé, an X.

Arménie (Joseph, le petit). — 1781. En Arménie. An VIII. Marsei e, 1808.

Arménie Ouannis. — 1781. Suchuc (Arménie)[1]. An VII. Campagnes : Ans VIII, IX, X, XIV, 1806, 1807, 1808, 1809, 1810, 1811. Blessé d'un coup de lance, le 29 ventôse, an VIII, à la bataille de Matarieh ; d'un coup de feu à la tête, le 11 frimaire, an XIV, à Austerlitz ; de quatre coups de sabre sur la tête, le 29 décembre 1808, à l'affaire de Benavente (Espagne). Légionnaire, du 14 mars 1806. Maréchal des logis, 1809. Marseille, 1813.

Arménie Ouannis, le grand. — 1778. En Arménie. An VIII. Marseille, an XII.

Arménie Ouannis, le petit. — 1782. En Arménie. An VIII. Marseille, 1808.

Arménie Tunis. — 1781. Chuchi[2] (Arménie). Campagnes : Ans VIII, IX, XIV, 1806, 1807, 1808, 1809, 1810, 1811. En arrière à la retraite de Moscou (1812). Légionnaire, du 14 mars 1806. Maréchal des logis.

Assiouti (Ibrahim). — Siout (Egypte). Admis, 1808. Marseille, 1809.

Ataya (Joseph). — 1779. Damas (Syrie). An VIII. Réformé, an XIII.

Atoulis Kralil. — 1778. Jossa (Syrie). An VIII. Campagnes : Ans VIII, IX, XIV, 1806, 1807, 1808, 1809, 1810. Tué en Espagne, le 3 mars 1810.

Atte-Hiry (Ali). — 1781. Damiette. An X. Marseille, an XII.

[1] Choucha (?).

[2] Choucha (?).

Ayache (Antoine). — 1784. Alexandrie (Egypte). An VIII. Campagnes : Ans VIII, IX, XIV, 1806, 1807, 1808, 1809, 1810, 1811. Congédié, 1814.

Ayache (Pietro), — 1790. Alexandrie (Egypte). An VIII. Réformé, an X.

Ayache (Pietro). — 1790. Alexandrie (Egypte). Admis, 1808. Campagnes : 1810, 1811. Congédié, 1814.

Ayoub (Gaspard-Joseph). — 1791. Le Caire. Admis, 1808. Campagnes : 1810, 1811, 1812, 1813, 1814, 1815. Blessé d'un coup de feu et d'un coup de lance à l'affaire de Pradanos (Espagne). Passé au dépôt, 1814. Maréchal des logis, 1814.

Ayoub (George). — 1781. Marseille, 1806.

Ayoub (Jacques). — Admis, 1809. Marseille, 1809.

Ayoubé. — 1782. Homeh (Syrie). Admis, An XI. Marseille, an XII.

Azaria, le grand. — 1782. Théplis[1] (Arménie). An VIII. Campagnes : Ans VIII, IX, XIV, 1806, 1807, 1808, 1809, 1810, 1811, 1813, 1814. Blessé d'un coup de feu qui lui a traversé le corps. Maréchal des logis, 1807.

Azaria, le petit. — 1787. Karabak (Géorgie). An VIII. Campagnes : Ans VIII, IX, XII, XIII, XIV, 1806, 1807, 1808. Légionnaire, 1806. Lieutenant, 1807. Tué à Benavente, 1808. Doté de 500 francs, 1808.

Babagenni Constanti.

Bagdoune Moustapha. — 1777. Bagdad (Arménie). An VIII. Campagnes : ans VIII, IX, XIV, 1806, 1807, 1808, 1809, 1810, 1811, 1813. Tué à l'affaire de Dresde, le 27 août 1813.

Bagdoune (Séraphin). — 1784. Saint-Jean-d'Acre. An VIII. Campagnes : ans VIII IX, XIV, 1806, 1807, 1808,

[1] Tiflis (Géorgie) ?

1809, 1810, 1811, 1812, 1813, 1814, 1815. Cassé brigadier, an XIII. Réintégré, an XIV. Maréchal des logis, 1806. Lieutenant de Jeune Garde, 1813. Légionnaire du 14 mars 1806[1]

BARAKA (ADRIEN). — 1788. Darfour (Afrique). Admis par décision du Ministre de la Guerre, 1811. En arrière sans nouvelles, décembre 1812.

BARAKA BOULOUS. — 1786. Alexandrie (Egypte). An VII. Campagnes : ans VII, VIII, IX, XIV, 1806, 1807, 1808, 1809, 1810, 1811, 1812. Blessé d'un coup de sabre à la main droite, à Eylau; d'un coup de baïonnette à la poitrine, à Wagram ; a perdu cinq doigts du pied gauche par la congélation, en Russie (1812). Marseille, 1812.

BARBARIE (MICHEL). — Le Caire. Admis, 1808. Campagnes : 1810, 1811, 1812. Congédié, 1814.

BAROUME (GUIRGUÈS). — 1775. Ramleh (Syrie). An VIII. Réformé, an X.

BAROUTI ELIAS. — 1769. Barouti (Syrie). An VIII. Campagnes : ans VIII, IX, XIV, 1806. Marseille, 1808. Brigadier.

BARRÉ GÉORGIE. -- Le Caire. Admis, 1808. Marseille, 1809.

BARSOUM SAAD. — 1770. Le Caire (Egypte). An VIII. Marseille, an XII.

CAPTINI (JOSEPH). — 1761. Marseille, 1806.

CARME DAHOUD. — 1771. Coiftre (Syrie). An VIII. Campagnes : ans VIII, IX, XIV, 1806, 1807, 1808, 1810, 1811. Porté déserteur le 1er janvier 1809. Rentré à la

[1] D'après une lettre de Séraphin Baddon (*sic*), son fils, cet officier aurait reçu de nombreuses blessures dans ses campagnes et fait partie du bataillon qui suivit l'Empereur à l'île d'Elbe.

Réole, le 11 janvier 1810, réintégré ledit jour. Ce militaire s'était égaré en Espagne, depuis le 1er janvier 1809, jusqu'au 11 janvier 1810, époque qu'un détachement de son corps passa à la Réole.

CHAHIN. — 1776. Tiflis (Géorgie). Lieutenant dans la compagnie des Mamelouks formée en Egypte par le général Bonaparte, an VIII; capitaine, 1813. Campagnes: ans IX, XII, XIII, XIV, 1806, 1807, 1808, 1809, 1810, 1811, 1812, 1813. A reçu 35 blessures, dont deux coups de feu, à Héliopolis; un coup de feu à Eylau; un coup de feu à la retraite de Madrid. A pris une pièce de canon et sauvé le général Rapp à Austerlitz et le chef d'escadrons Daumenée, à la retraite de Madrid. Chevalier de la légion d'honneur, An XII; officier, 1806; doté de 500 francs, 1808. Mort à Melun, 1838.

CHAMA ABDALLAH. — 1770. Jaffa. An VIII. Marseille, an XII.

CHAMÉ (ANTOINE). — 1784. Le Caire (Egypte). An VIII. Blessé le 2 mai 1808, à la révolution de Madrid, et mort le 16.

CHAMÉ AYOUB. — 1779. Saint-Jean-d'Acre (Syrie). An VIII. Campagnes : ans VIII, IX, XIV, 1806, 1807, 1808, 1809, 1810, 1811. Légionnaire, 1806. Marseille, 1813.

CHAMÉ (JOSEPH). — 1789. Jaffa (Syrie). An VIII. Congédié, 1814.

CHARAF MOUSSA. — 1789. Le Caire. Admis, 1809. En arrière sans nouvelles, décembre 1812.

CHERKÈS (GEORGE). — 1780. Marseille, 1809.

CHERKÈS OUESSAIN. — 1787. En Circassie. An VIII. Marseille, an XII.

CHIRÉ (JOSEPH). — 1782. Malte. Admis, 1809. Campagnes : 1810, 1811. Déserté à l'ennemi en Espagne, le 12 juin 1811, avec armes et bagages.

Chiré (Michel). — Le Caire. Admis, 1808. Campagnes : 1810, 1811, 1812, 1813, 1814. Déserté, 1814.

Chirkoury (George). — 1777. Constantinople. Admis, an X. Aux réfugiés, 1806. Brigadier.

Choki (Joseph). — 1772. Ramleh. An VIII. Marseille, an XII. Brigadier.

Choukralla (Gabriel). — Le Caire. Admis, 1808. Aux réfugiés, 1813.

Choukralla Talout. Le Caire. Admis, 1808. Campagnes : 1810, 1811. En arrière sans nouvelles, décembre 1812.

Copthi Assat. — 1781. Le Caire (Egypte). An VIII. Campagnes : ans VIII, IX, XIV, 1806, 1807, 1808, 1809, 1810, 1811. En arrière sans nouvelles, du 15 novembre 1812.

Copthi Bradzous.— 1784. Le Caire (Egypte). An VIII. Réformé, an X, et mis au rang des réfugiés.

Couroulous. — 1776. Marseille, 1806.

Cova Manoli. — Toumba (Macédoine). Admis, 1808. Marseille. 1809.

Daboussy (Joseph). — Le Caire. Admis, 1811. Congédié, 1814.

Daboussy (Nicolas). — Le Caire. Admis, 1808. Campagnes : 1810, 1811. En arrière, décembre 1812.

Daoud. — V. Habaïby Daoud.

Dayan (Isaac). — 1799. Tunis. Admis, 1808. Campagnes : 1810, 1811, 1812. En arrière sans nouvelles, 1812.

Demiky Manoly. — 1777. Morée (Grèce). An VIII. Campagnes : Ans VIII, IX, XIV, 1806, 1807, 1808, 1809, 1810, 1811, 1814. Congédié, 1814. Brigadier.

Dimetry Youanny. — 1771. Leydza (Archipel). Admis, 1806. Blessé à Eylau (1807). Tué à Benavente, 1808.

El-Akim (Antoine). — 1762. Saint-Jean-d'Acre (Syrie). An VIII. Réformé, an X.

Elbachi (Guirguès). — 1757. Damas (Syrie). An VIII. Réformé, An X, et mis au rang des réfugiés.

Elbadjaly Aïd. — 1776. Betzala. An VIII. Campagnes : Ans VIII, IX, XIV, 1806, 1807, 1808, 1809. Marseille, 1811. Brigadier, 1807.

Elfael Ratasse — 1779. Chefa Omar. An VIII. Blessé d'un coup de feu au bras à Eylau, le 8 février 1807. Mort à l'armée le 3 mai 1807. Porte-queue, 1807.

El-Fara (Nicolas). — 1781. Le Caire (Egypte). An VIII. Marseille, an XII.

Elias Massad. — 1776. Ramleh (Egypte). Entré au service en qualité de lieutenant dans la 2e compagnie de Syriens formée par le général Bonaparte, an VIII. Lieutenant en second dans les Mameloucks de la Garde, an X. Lieutenant en 1er, 1807. Passé aux réfugiés égyptiens, 1815. Capitaine au 2e chasseurs d'Afrique, 1831. Retraité, 1833. Campagnes : Ans VIII, IX, XII, XIII, XIV, 1806, 1807, 1808, 1809, 1810, 1811, 1812, 1813, 1814, 1815, 1832. Blessé, en Egypte, de deux coups de lance pendant une patrouille, An VIII ; d'un éclat d'obus en 1813. Chevalier de la légion d'honneur, An XII ; officier, 1814. Doté de 500 francs, 1808. Retraité à Melun, 1815.

Elias Moussa. — Ramleh. An VIII. Marseille, an XII.

El-Kaouas Kralil. — 1761. Bethléem. An VIII. Aux réfugiés, 1806.

Emmanuel. — 1777. Ramleh (Syrie). An VIII. Campagnes : ans VIII, IX, XIV, 1806. Marseille, 1808. Brigadier, 1807.

Ergueri (Ibrahim). — 1784. Le Caire (Egypte). An VIII. Campagnes : ans VIII, IX, XIV, 1806, 1807, 1808,

1809, 1810, 1811, 1813. Prisonnier le 22 mai 1813; rentré le 24 avril 1815.

FARAHEB (JOSEPH). — 1778. Damas. An VIII. Marseille, an XII.

FARAJE SEBA. — Darfour (Afrique). Admis, 1808. Marseille, 1809..

FARAGIE, nègre. — 1787. Laneck (Arabie). Admis, an X. Marseille, an XII.

FESSAL (GUIRGUÈS). — 1742. Barouti (Syrie). An VIII. Réformé, an X.

FETAL RISCALLA. — Admis, an X. Chef tailleur.

FRANCIS BOUCHERA. — 1781. Le Caire. An VIII. Marseille, an XII.

GABRIANNE, nègre. — 1780. En Abyssinie. An VIII. Campagnes : ans VIII, IX, XIV, 1806, 1807, 1808, 1809, 1810, 1811. En arrière sans nouvelles, du 12 décembre 1812.

GAYARDEL. — 1772. Rabonsunove. An VIII. Aux réfugiés, 1806.

GÉORGIE CHERKÈS. — 1781. Tiflis (Géorgie). Admis, an X. Marseille, 1809. Maréchal des logis.

GÉORGIE MOUSSAHA. — 1781. Négrélie. Admis, an X. Mort, an XIII.

GÉORGIE (NICOLE). — 1778. Larmn (Natolie). Admis, an X. Campagnes : ans XIV, 1806, 1807, 1808, 1809, 1810, 1811. Congédié, 1814. Brigadier, 1809.

GÉORGIE ROUSTAN. — 1781. Tiflis (Géorgie). Admis, an X. Marseille, 1807. Maréchal des logis.

GOURGUI DAOUD. — 1720. Tiflis (Géorgie). An VIII. Réformé, an X.

GOURY ELIAS. — 1775. Laské (Syrie). An VIII. Campagnes : ans VIII, IX, XIV, 1806, 1807, 1808, 1809. Marseille, 1811.

Grec (Nicolas). — Admis, 1808. Campagnes : 1810, 1811. En arrière sans nouvelles, décembre 1812.

Guirbanne Ouannis. — 1779. En Circassie. An VIII. Mort à Varsovie, le 13 janvier 1807.

Habaïby (Antoine).

Habaïby Daoud. — 1777. Chefa-Omar (Syrie). Sous-lieutenant dans la 1re compagnie de Syriens formée en Egypte par le général Bonaparte, an VII. Lieutenant en premier, an VIII. Lieutenant en premier dans la compagnie des Mameloucks, an X Capitaine, 1807. Campagnes : ans VII, VIII, IX, 1806, 1807, 1808, 1809. Blessé une fois à Austerlitz et deux fois à Eylau; trois fois à Benavente (Espagne, 1808). Chevalier de la Légion d'honneur, an XII ; officier, 1810. Doté de 1.000 francs, 1808. Retiré à Melun, 1er avril 1814. Mort à Paris, en 1824.

Habaïby (Ibrahim). — 1767. Chefa-Omar. (Syrie). An VIII. Réformé, an X.

Habaïby (Jacob). — 1767. Chefa-Omar (Syrie). Campagnes : ans VIII, IX, 1813, 1814, 1815, 1831. Blessé d'une balle qui lui a traversé le corps, à la bataille du Monte-Thabor, cet officier, qui était sheik de Chefa-Omar, près Saint-Jean-d'Acre, a donné des preuves de son dévouement à la cause des Français en créant spontanément, et en majeure partie à ses frais, une compagnie de janissaires syriens qu'il offrit au général Bonaparte. Capitaine, 22 vendémiaire, an VIII; chef d'escadrons, 1er messidor, an VIII ; chef de brigade, an IX; passé aux réfugiés avec retraite de 4.000 francs, an X; reprend du service en qualité de chef d'escadrons, 1813; colonel d'état-major, 23 novembre 1814; commandant de la place de Melun, 5 juin 1815 : commandant la 1re division militaire, 27 juin 1815 ; mis en non activité, 1er août 1816 ; naturalisé français, 1817 ; retraité, 1829 ; mis à la disposition du maréchal Clauzel, commandant l'armée d'Afrique, 1831 ; retraité à 3.200 francs, 1833. Chevalier de la légion d'honneur, 17 mars 1814. Chevalier de Saint-Louis, 1821. Décédé à Paris, 1824. Doté de 1.000 francs, 1808.

HABBIÉ (GUIRGUÈS).

HAMAOUY (JOSEPH). — 1772. Damas (Syrie). Nommé capitaine des syriens janissaires, An VI. Chef d'escadrons, An VIII. Commandant du dépôt des réfugiés égyptiens à Melun, An X. Colonel, le 4 avril 1814, confirmé le 8 mai 1816. Campagnes d'Aboukir, Salhié, Balbès, Haute Égypte, Assioute, Monfaloute, siège du Caire. Chevalier de Saint-Louis, 1819[1].

HASSAN. — 1785. Mégralie (Géorgie). An VIII. Campagnes : ans VII, VIII, IX, XIV, 1806, 1807, 1808, 1809, 1810, 1811. Porte-queue, 1809. Congédié, 1814.

HELOU (MICHEL). — 1761. Marseille, 1806.

HIALEK (ANTOINE). — 1760. Jérusalem (Syrie). An VIII. Réformé, an X.

HIBRAHIM. — 1776. Delkamar (Syrie). Entré comme capitaine dans la compagnie des Mamelouks formée en Egypte par le général Bonaparte, le 1er messidor, an VIII. Confirmé dans son grade le 25 germinal, an X.

[1] Ces états de services ont été fournis par Hamaouy lui-même, sous la Restauration, époque où il multipliait ses démarches pour être nommé membre de la Légion d'honneur, ce que, du reste, il ne put obtenir. Il affirmait avoir rendu des services signalés aux Français en Egypte comme « grand Douanier du Caire » et avancé de fortes sommes à sa compagnie, lors de son retour en France, mais son dossier ne contient pas les preuves de ses allégations.

Campagnes an VIII et IX. Légionnaire, an XII. Marseille, 1806.

HONADIÉ (IBRAHIM). — 1757. Chefa Omar (Syrie). An VIII. Mort à l'hôpital de Marseille, le 14 ventôse, an X. Brigadier.

HONGROIS (MICHEL). — 1780. Bigor (Hongrie). An VIII. Campagnes : ans VIII, IX, XIV, 1806, 1807, 1808, 1809, 1810, 1811, 1813, 1814. Blessé d'un coup de sabre sur le cou et un sur l'épaule à Altenbourg (1813) ; reçu un coup de bâton sur la tête en prenant une pièce de canon à l'affaire du 25 novembre 1806, à Rusileck ; un coup de feu à la même affaire. Congédié, 1814.

HONGROIS MUSTAPHA. — 1760. Maréchal des logis. Marseille 1808.

HOUASSEF (JOSEPH). — 1783. Le Caire. An VIII. Réformé, an X.

IADALLA. — 1759. Le Caire (Égypte). An VIII. Réformé, an X.

IBRAHIM. — V. HIBRAHIM.

IBRAHIM (CHARLES-VICTOR). — 1786. Le Caire. Admis, 1810. En arrière sans nouvelles, décembre 1812.

IBRAHIM, nègre. — 1782. Siout (Égypte). An VIII. Campagnes : ans VIII, IX, XIV, 1806, 1807, 1808, 1809, 1810, 1811. En arrière sans nouvelles, 1812.

IOARIC DRISSE. — 1779. En Abyssinie. An VIII. Campagnes : ans VIII, IX, XIV, 1806, 1807, 1808, 1809, 1810, 1811. Légionnaire, 1807. Mort le 4 octobre 1812.

JACOB. — 1789. Salmas (Perse). Admis d'ordre de M. le général Ornano, commandant la Garde impériale, 1814. Rayé, 1814, pour longue absence.

JAFFAONY MITRY. — 1780. Jaffa (Syrie). An VIII. Campagnes : ans VIII, IX, XIV, 1806, 1807, 1808, 1809. En arrière sans nouvelles, du 9 décembre 1812.

JANNAS JOANNY[1]. — 1777. Chismez (Grèce). An VIII. Marseille, an XII. Brigadier.

JAUBE (ANTOINE). — An X. Campagnes : an XIV, 1806, 1807. Légionnaire, 1807. Congédié avec retraite, 1809. Trompette.

JOSEPH (ANNA). — 1784. Le Caire (Égypte). An VIII. Aux réfugiés, 1808.

JOSEPH, nègre. Darfour (Afrique). Admis, 1808. Mort à l'hôpital de la Garde, 1809.

KAOUAM[2] (MICHEL). — 1772. Tablet (Syrie). Admis, an X. Aux réfugiés, an XII.

KAOUASSE KHALIL. — 1734. Marseille, 1806.

KARKOU MANSOUR. — 1780. Berouty. An VIII. Campagnes : ans VIII, IX, XIV, 1806, 1807, 1808, 1809, 1810, 1811, 1813, 1814. Délégué auprès du général Maison, le 6 juin 1814, rayé ledit jour, admis à la solde des réfugiés égyptiens ledit jour. Brigadier, 1809.

KASSALGUI JOUANNA. — 1752. Le Caire. An VIII. Réformé, an X.

KASSIS (ANNA). — 1770. — Jérusalem. An VIII. Mort le 7 frimaire, an XI.

KOSMAS STEPHANI. — 1777, Smyrne (Grèce). An VIII, époque de l'organisation de la légion grecque en Égypte. Légionnaire, 1806. Maréchal des logis, le... (*sic*) ; cassé, 1809 ; réintégré, 1810. Tué à Bautzen le 22 mai 1813.

KOSTA (MOUSTAPHA). — 1777. Chefa-Omar (Syrie). An VIII. Marseille, an XII. Brigadier.

KOSTA (JACQUES). — 1784. Chefa-Omar (Syrie). Cam-

[1] Nom orthographié ailleurs Joanny Janien.

[2] Nom orthographié ailleurs Kaouain.

pagnes : ans VIII, IX, XIV, 1806, 1807, 1808, 1809, 1810, 1811, 1812, 1813, 1814. Rayé, par suite de longue absence, 1813. Porte-queue, 1809.

Kosta Khalil. — 1784. Chefa-Omar (Syrie). An VIII. Campagnes : ans VIII, IX, XIV, 1806, 1807, 1808, 1809. Marseille, 1811.

Koubroussy (Anna). — 1781. Nazareth (Syrie). An VIII. Blessé deux fois à Eylau. Légionnaire du 14 avril 1807. Campagnes : ans VIII, IX, XIV, 1806, 1807, 1808, 1809. Mort à Melun, le 24 janvier 1812, d'une maladie languissante de quinze mois. Maréchal des logis.

Kourgy Dahoud. — Marseille, 1807.

Koury (Gabriel). — Admis, 1808. Campagnes 1810, 1811. En arrière sans nouvelles, 1812.

Koury (Guirguès). — 1752. Jaffa (Syrie). An VIII. Réformé, an X.

Koutcy (Anna). — 1736. Marseille, 1806.

Koutcy (Joseph). — 1774. Jaffa (Syrie). Campagnes : ans VII, VIII, IX, XIV, 1806, 1807, 1808, 1809, 1810, 1811. A perdu l'œil droit par suite d'un coup de feu le 16 thermidor, an VII, à la prise d'Aboukir. Marseille, 1813.

Koutcy Samarand. — 1755. Jérusalem. An VIII. Réformé, an X.

Koutcy Samann. — 1776. Jérusalem. An VIII. Campagnes : ans VIII, IX, XIV, 1806, 1807, 1808, 1809. Marseille, 1811.

Koutcy Zacharie. — 1760. Jérusalem. An VIII. Marseille, an XII.

Kouzy (Guirguès). — 1756. Marseille, 1806.

Kralil Grec. — 1786. Le Caire. An VIII. Campagnes : ans VIII, IX, XIV, 1806, 1807, 1808, 1809, 1810, 1811. Congédié, 1814. Brigadier, 1809.

Kruchon (Guirguès). — 1779. Alep (Syrie). An VIII. Campagnes : ans VIII, IX, XIV, 1806, 1807, 1808, 1809, 1810, 1811. En arrière sans nouvelles, du 9 décembre 1812.

Lafleur Amza. — 1781. Crimée (Moscovie). An VIII Campagnes : ans VIII, IX, XIV, 1806, 1807, 1808, 1809, 1810, 1811. Congédié, 1814.

Lambre (George). — 1777. Ile de Seit (Archipel). An VIII. Campagnes : ans VIII, IX, XIV, 1806, 1807, 1808, 1809, 1810, 1811. Marseille, 1813. Brigadier.

Lepetit (Ouannis Arménie). — 1782. Marseille, 1808.

Magnati (Nicole-Athanase). — 1774. Romélie (Morée). An VIII. Campagnes : ans VIII, IX, XIV, 1806, 1807, 1808, 1809. Aux réfugiés, 1811.

Mahamet, nègre. — 1776. En Abyssinie. An VIII. Déserté le 15 octobre 1807.

Mainotry Démétry. — 1774. Credemouy (Morée). An VIII. Marseille, an XII.

Malati (Michel). — Le Caire. Admis, 1808. Campagnes : 1810, 1811, 1812, 1813. Rayé pour longue absence, 1813.

Malte (Anna). — 1780. Ile de Malte. An VIII. Marseille, 1807. Brigadier.

Mansour, dit Gaix de Mansour. — Le Caire. Admis, 1808. Déserté, 1809.

Mardiros (Jean). — 1786. En Arménie. An VIII. Marseille, an XII.

Massahat. — 1762. Ramleh (Syrie). An VIII. Marseille, an XII. Maréchal des logis chef.

Masserie (Abdallah). — 1789. Le Caire (Égypte). An VIII. Marseille, an XII.

Masserie Achmet. — 1783. Le Caire. An VIII. Rayé des cadres le 21 avril 1807, pour cause de trop longue absence ; était à l'hôpital de Vienne, en Autriche, du 2 nivôse, an XIV. Légionnaire du 14 mars 1806.

MASSERIE ISMAIN. — 1780. Le Caire. An VIII. Déserté, 7 janvier 1809.

MASSERIE (GUIRGUÈS). — 1792 (*sic*). An VIII. Réformé, an X.

MASSERIE (GUIRGUÈS). — 1792. Le Caire. Admis, 1808. Campagnes : 1810, 1811. En arrière sans nouvelles, décembre 1812.

MASSERIE MIKAEL. — 1786. Le Caire. Campagnes : an VIII, IX, XIV, 1806, 1807, 1808, 1809, 1810, 1811, 1813, 1814. Blessé d'un coup de sabre à Eylau, 1807. Rayé des contrôles, 20 avril 1814. Parti avec l'Empereur ledit jour.

MASSERIE (THOMAS). — 1787. Le Caire. An VIII. Campagnes : ans VIII, IX, XIV, 1806, 1807, 1808, 1809, 1810, 1811. Blessé d'un coup de sabre en Espagne, le 5 septembre 1810. Marseille, 1813.

MESSATE KHALIL. — Maréchal des logis.

MICHALOUAT AYOUS. — 1775. Nazareth. An VIII. Blessé d'un coup de feu au cou à Eylau (1807) ; tué le 2 mai 1808 à la bataille de Madrid.

MIHINA HISSA. — 1757, Chefa Omar (Syrie). An VIII. Mort le 25 thermidor, an XI. Maréchal des logis.

MIKAEL ELLON. — 1753. Alep (Syrie). An VIII. Marseille, an XII.

MIKAEL (IBRAHIM). — 1779. Le Caire (Égypte). An VIII. Marseille, 1807.

MIKAEL (JOSEPH). — 1781. Souples (Égypte)[1]. An X. Marseille, an XII.

[1] Siout (?).

Mirza le grand. — 1782. En Arménie. An VIII. Mort le 17 pluviôse, an XIII.

Mirza le grand (Daniel). — 1784. Chusue[1] (Arménie). An VIII. Campagnes : ans VIII, IX, XIV, 1806. 1807, 1808, 1809, 1810, 1811. Lieutenant, 1811. Lieutenant au 2e corps des lanciers, 5 août 1814. Doté de 500 francs. Légionnaire du 14 mars 1806.

Mouskou Soliman. — 1760. Crimée (Petite Tartarie). An VII. Campagnes : ans VII, VIII, IX, XII, XIII, XIV, 1806, 1807, 1808. Blessé de deux coups de feu, le 7 germinal, an VIII, à la reprise de Damiette ; d'un coup de sabre à l'affaire de Benavente en Espagne le 29 décembre 1808, où il fut fait prisonnier. Porté mal à propos déserteur. Evadé des prisons de l'ennemi et rentré en France le 30 septembre 1810. Maréchal des logis, an X. Légionnaire du 14 mars 1806. Marseille 1813.

Mouty Nathan. — Admis, 1808. Campagnes : 1810, 1811. Congédié, 1814.

Nadar Houabé. — 1757. Jaffa (Syrie). An VIII. Réformé, an X, et mis au rang des réfugiés.

Nassar (Francis). — 1781. Nazareth. Admis, an X. Campagnes : an XIV, 1806, 1807, 1808, 1809, 1810, 1811, 1813, 1814. Tué le 28 janvier 1814. Brigadier, 1809.

Nia (Anna). — En Géorgie. Admis, 1808. Campagnes : 1810, 1811. En arrière sans nouvelles, décembre 1812.

Nicodemœus. — 1769. An VIII. Aux réfugiés. 1806. Maréchal des logis.

[1] Choucha (?).

Ouadie (Joseph). — 1781. Chefa-Omar (Syrie). An VIII. Réformé, an X.

Ouannis (Antoine). — 1759. Jaffa (Syrie). An VIII. Marseille, an XII.

Ouasef (Joseph). — 1787. Le Caire. Admis, 1808. Marseille, 1809.

Panayanny (Constantin). — 1777. Ile d'Amorgo (Archipel). An VIII.

Papaouglou (Nicole). — 1786. Chismé (Natolie). Admis, an X. Campagnes : ans XIV, 1806, 1807, 1808, 1809, 1810, 1811, 1812, 1813, 1814. Légionnaire, 1806. Rayé de l'effectif le 20 avril 1814. Parti avec l'Empereur ledit jour. Maréchal des logis.

Paskalis. — 1782. Ghirgheh (Égypte). An VIII. Campagnes : VIII, IX, XIV, 1806, 1807, 1808. Tué en 1808, à la révolte de Madrid.

Pelatti (Antoine). — 1774. Ile de Rhodes (Archipel). An VIII. Marseille, an XII.

Pétrous. — 1765. Oucrakem (Arménie). An VIII. Campagnes : ans VIII, IX, XIV, 1806, 1807. Rayé des contrôles, le 11 mars 1808, pour passer au service du vice-roi d'Italie.

Quisse Achmet. — 1781. Le Caire. An VIII. Campagnes : ans VIII, IX, XIV, 1806, 1807, 1808, 1809, 1810, 1811, 1813, 1814. Blessé de cinq coups de bayonnette à Austerlitz et d'un coup de sabre à Altenbourg. Congédié, 1814.

Rabagenni Constanti.

Ramlaoui Abou Ebel. — 1751. Marseille, 1806.

Ramlaoui (Christophe). — 1779. Ramleh (Syrie). An VIII. Aux réfugiés, 1806.

Ramlaoui Joubrance. — 1780. An VIII. Campagnes :

ans VIII, IX, XIV, 1806, 1807, 1808, 1809, 1810. Brigadier, 1813. Congédié, 1814.

Renno (Jean). — 1777. Saint-Jean-d'Acre (Syrie). Ans VI, VII, VIII, IX, XII, XIII, XIV, 1806, 1807, 1808, 1809, 1810, 1811, 1812, 1813, 1814, 1815. Blessé de deux coups de bayonnette à Austerlitz, d'un coup de feu à la révolte de Madrid (1808); d'un éclat d'obus à Waterloo (1815). Le 24 mai 1809, à l'affaire de Pradamesen (Espagne), fit, dans une charge, 100 prisonniers espagnols; à Courtray (1814), eut un cheval tué sous lui en enlevant, avec un petit nombre de Mamelouks, une pièce de canon à 130 cuirassiers saxons; chargea un peloton de 180 cavaliers prussiens, les ramena à plus d'une lieue, fit des prisonniers et mit beaucoup d'hommes hors de combat. Sous-lieutenant à l'armée d'Italie, an VI; sous-lieutenant interprète à l'armée d'Égypte; lieutenant en 1er aux Mamelouks, an X; capitaine, 1807; chef d'escadrons de chevau-légers lanciers, 5 août 1814; chevalier de la Légion d'honneur, an XII; officier, 1806; doté de 1.000 francs, 1808. Chevalier de Saint-Louis, 27 février 1815. Licencié avec demi-solde, 22 décembre 1815. Mort à Melun, 1848.

Riscalla, nègre. — 1785. Darfour (Afrique). Admis, an XI. Aux refugiés, 1806.

Rosette Mikael. — 1776. Rosette (Égypte). An VIII. Marseille, 1808.

Roustam Raza. — Tiflis (Géorgie). Signalement : taille 1m,74, visage rond, front ordinaire, yeux roux, nez ordinaire, bouche moyenne, menton rond, cheveux et sourcils châtains. Admis le 2 germinal an X. Congédié le 25 août 1806.

Rudjéri (Pietro). — 1781. Tinos (Archipel). Admis, an X. Campagnes : an XIV, 1806, 1807, 1808. 1809, 1810, 1811, 1812, 1813. Prisonnier le 5 mars 1813. Rentré, 4 mars 1814. Rayé de l'effectif le 20 avril 1814 ; parti avec l'Empereur ledit jour. Maréchal des logis, 1814. Lieutenant en second de Chasseurs à cheval, 30 avril 1815. Retraité à Melun, 1815.

Saboubé (Nicolas). — 1780. Damas (Syrie). An VIII. Campagnes : ans VIII, IX, XIII, XIV, 1806, 1807. Marseille, 1808.

Sacre (Anna). — 1775. Damas (Syrie). An VIII. Marseille, an XII. Maréchal des logis.

Sacre (Joseph). — 1757. Damas (Syrie). An VIII. Marseille, an XII.

Saka (Joseph). — 1779. Bethléem, an VIII. Marseille, an XII.

Saladar (Anna). — 1758. Damiette (Égypte). An VIII. Mort le 5 germinal an XI.

Salam Achmet. — 1777. Siout (Egypte). An VIII. Marseille, 1806.

Salem. — 1781. Haganiée (Égypte). Admis, 1813. Campagnes : ans VII (au 21e d'infanterie légère), VIII, IX, XII, XIII, XIV, 1806, 1807, 1808, 1809, 1812, 1813, 1814. Congédié, 1814.

Salek Chaoud. — 1779. Chefa-Omar (Syrie). An VIII. Marseille, an XII.

Salek (Ibrahim). — Le Caire. Admis, 1808. Marseille, 1809.

Saloume. — 1751. Chefa-Omar (Syrie). Nommé lieutenant dans la 1re compagnie des Syriens, an VII. Capitaine, an VIII. Admis avec son grade, an X. Campagnes : ans VII, VIII, IX. Légionnaire, an XII. Marseille 1806.

SALOUME DAOUD. — 1768. Saint-Jean-d'Acre (Syrie). An VIII. Marseille, an XII. Brigadier.

SAMAIN (IBRAHIM)[1].

SAMANNE (ANNA). — Le Caire. Admis, 1808. Campagnes : 1810, 1811, Marseille, 1814.

SARAGE SOLIMAN. — 1771. Druse (Syrie). Admis, an X. Campagnes : an XIV, 1806, 1807, 1808, 1809. Aux réfugiés, 1811. Brigadier, an X.

SCIPION, nègre. — 1787. Chaloume (Arabie). An VIII. Réformé, an X.

SEIMEN (IBRAHIM). V. SAMAIN (IBRAHIM).

SÉLIM, nègre. 1781. Dartous (Arabie). Admis, an X. Mort, 1808.

SELIM, nègre. — 1784. Darfour (Afrique). Admis, an XI. Mort, an XII.

SERA FARAJE, nègre. — 1780. En Abyssinie. Rayé des contrôles, le 1er juin 1806.

SERA (JOSEPH). — 1790. En Arménie. An VIII. Marseille, an XII.

SERA (JOSEPH). — 1791. En Géorgie. Admis, 1808. Campagnes : 1810, 1812. Prisonnier à Moscou le 16 octobre 1812.

SERA (PETRUS). — 1777.

SERA (PIERRE). — 1776. Ile de Chio (Archipel). An X. Marseille, an XII.

SOLIMAN MOUFTA. — Darfour (Afrique). Admis, 1808. Renvoyé au bataillon colonial à Marseille, 1810.

SOLIMAN SALAMÉ. — 1777. Bethléem. Entré au service de l'état-major de l'armée d'Égypte, an VI. Campagnes : ans VII, VIII, IX, XII, XIII, XIV, 1806, 1807, 1808, 1810, 1811, 1812, 1813, 1814, 1815. Blessé à

[1] Nom orthographié ailleurs *Seimen*.

Héliopolis; à la révolution de Madrid. Maréchal des logis, an VIII; sous-lieutenant, an X: lieutenant en second, an XIV; en premier, 1813; capitaine lieutenant en premier dans les Chasseurs royaux de France, 16 décembre 1814; attaché, comme interprète, à l'armée d'Afrique, 1830. Légionnaire, an XII. Doté de 500 francs, 1808. Retraité à Melun, 1815.

SOUBÉ (JOSEPH). — 1785. Chefa-Omar. An VIII. Campagnes : ans VIII, IX, XIV, 1806, 1807, 1808, 1809, 1810, 1811. Mort à l'hôpital des Trinitaires de Vilna 1814, par suite de blessure.

STATI (ANDRÉA). — 1777. Brebison. An VIII. Déserté, 1807. Brigadier.

TAIEB (JACOB). — Tunis. Admis, 1811. Congédié, 1814.

TALAMI MOUSSA. — 1764. Bethléem. An VIII. Marseille, an XII.

TALOUTE ABDEL, nègre. 1781. En Abyssinie. An VIII. Campagnes : ans VIII, IX, XIV, 1806, 1807, 1808, 1809. En arrière sans nouvelles, du 12 décembre 1812.

TALOUTE FARAGE. — Le Caire. Admis, 1808. Campagnes : 1810, 1811. En arrière sans nouvelles, décembre 1812.

TARCHA (JOSEPH). — 1767. Jaffa (Syrie). An VIII. Marseille, an XII.

THOMAS. — 1790. Salmas (Perse). Admis, d'ordre de M. le général Ornano, commandant la Garde impériale, 1811. Rayé, 1814, pour longue absence.

TUBIANÉ (DAVID). — Tunis. Admis, 1808. Campagnes : 1810, 1811. En arrière sans nouvelles, décembre, 1812.

VASSILY (PAUL). — 1779. Tayrindroff (Russie). Admis, 1809. Campagnes : 1810, 1811. Déserté avec armes et bagages en Espagne, 1811.

Vidal (Nicolas). — 1778. Smyrne. An VIII. Rayé, 1806.

Youdi Salem. — 1789. Le Caire. An VIII. Campagnes : ans VIII, IX, XIV, 1806, 1807, 1808, 1809, 1810, 1811, 1812, 1813, 1814. Congédié, 1814.

Zahubé (Nicole). — 1780. Marseille, 1808.

Zalaouy (Joseph). — 1762. Zala (Syrie). An VIII. Campagnes : ans VIII, IX, XIV, 1806, 1807, 1808, 1809, 1810, 1811. En arrière sans nouvelles, le 9 décembre 1812. Rentré des prisons de l'ennemi, 1814.

Zaoué (Anna). — 1783. Jérusalem (Syrie). An VIII. Marseille, 1808.

Zoumero Bannans. — 1765. — Jaffa (Syrie). An VIII. Réformé, an X.

Zoumero Moussa. — 1792 (*sic*). Jaffa (Syrie). An VIII. Réformé, an X.

Zoumero Moussa. — 1789. Saint-Jean-d'Acre (Syrie). Admis trompette dans les Mamelouchs en Égypte, le 4 mai 1799. Campagnes : 1810, 1811. Brigadier, 1814.

ACTE DE DÉCÈS DE ROUSTAM

MAIRIE DE DOURDAN (SEINE-ET-OISE)

Extrait du registre des actes de décès de la commune de Dourdan (année 1845).

Du dimanche sept décembre mil huit cent quarante-cinq, à dix heures du matin.

Acte de décès de sieur Roustam Raza, âgé de soixante-quatre ans, ancien Mameluck de l'empereur Napoléon, né à Tiflis, en Géorgie, rentier domicilié à Dourdan, où il est décédé aujourd'hui, à cinq heures et demie du matin, époux de dame Alexandrine-Marie-Marguerite Douville, actuellement sa veuve, demeurante à Dourdan.

Les témoins ont été : 1° M. François-Valentin Mazure, âgé de cinquante-deux ans; 2° M. François-Joseph Baulot, âgé de cinquante-six ans, tous deux propriétaires, demeurans à Dourdan, amis du défunt — lesquels ont signé avec nous, deuxième adjoint, délégué de M. le Maire de la ville de Doûrdan, après lecture, le décès constaté conformément à la loi.

Signé au registre V. MAZURE, BAULOT, MÉNARD.

ICI GIT

ROUSTAM RAZA

ANCIEN MAMELUCK DE L'EMPEREUR NAPOLÉON

Né à Tiflis en Géorgie, mort à Dourdan
à l'âge de 64 ans.
Il a emporté avec lui les regrets
d'une famille dont il était bien
justement chéri — Qu'il repose
en paix parmi ceux qui l'ont
apprécié et aimé.

ICI REPOSE

A. M. M.

DOUVILLE

VEUVE ROUSTAM RAZA

née à Paris le 21 janvier 1789
décédée à Versailles
le 21 juillet 1857
regrettée de ses enfants
et de ses amis.

TABLE DES MATIÈRES

I

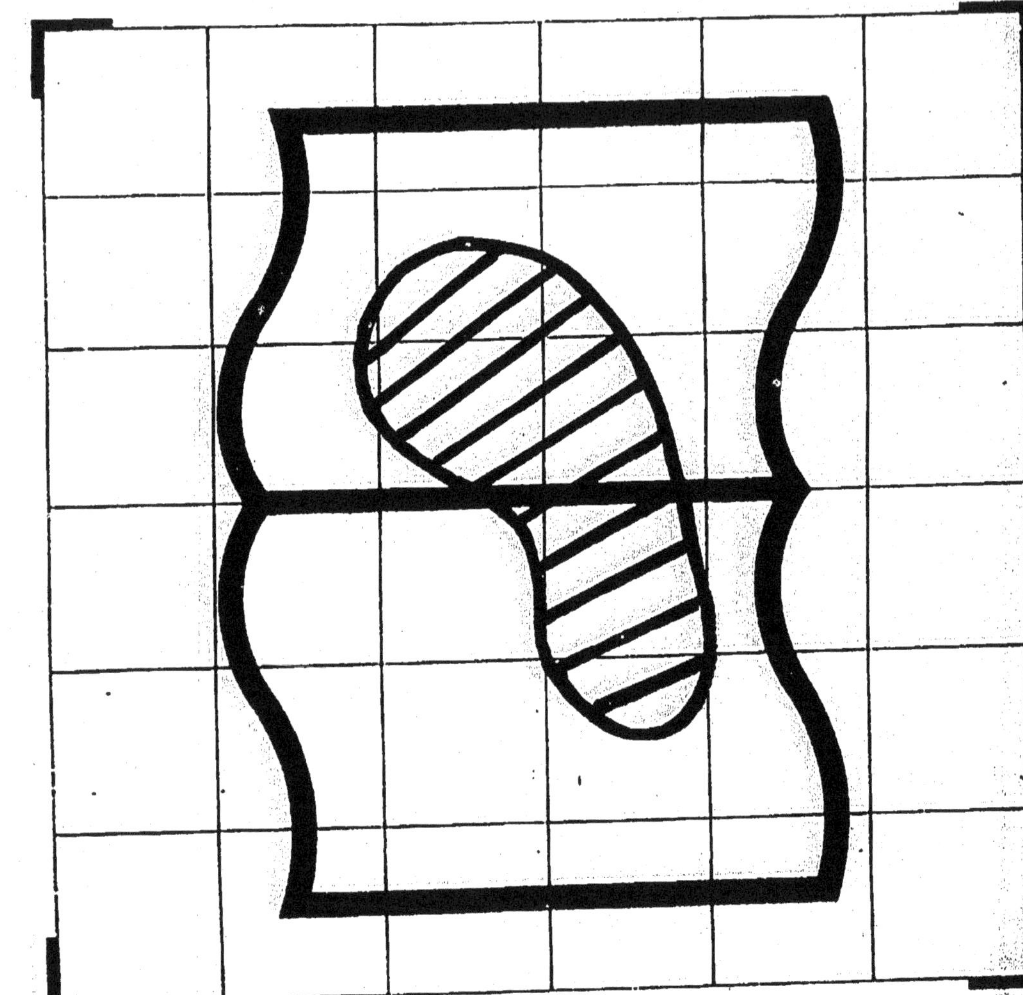

II

III

IV

V

ÉVREUX, IMPRIMERIE CH. HÉRISSEY, PAUL HÉRISSEY SUCCr

www.ingramcontent.com/pod-product-compliance
Ingram Content Group UK Ltd.
Pitfield, Milton Keynes, MK11 3LW, UK
UKHW020427200726
13857UKWH00002B/315